U0477876

主　编：张绵绵

副主编：刘小梅　陈毅妹　张丽治

编写组成员：张绵绵　刘小梅　陈毅妹　张丽治　曾佳音
郭慧林　林文杰　黄伟彬　庄彦琳　黄雯君
徐君玉　江　靖　张恺诗　庄桢烨　王晓丽
陈琳婉

梦山书系

幼儿园生活游戏135例

张绵绵\主编

海峡出版发行集团
THE STRAITS PUBLISHING & DISTRIBUTING GROUP
福建教育出版社

图书在版编目（CIP）数据

幼儿园生活游戏135例/张绵绵主编．—福州：福建教育出版社，2024.7
ISBN 978-7-5334-9986-0

Ⅰ.①幼… Ⅱ.①张… Ⅲ.①游戏课—学前教育—教学参考资料 Ⅳ.①G613.7

中国国家版本馆CIP数据核字（2024）第107058号

You'eryuan Shenghuo Youxi 135 Li

幼儿园生活游戏135例

张绵绵　主编

出版发行	福建教育出版社 （福州市梦山路27号　邮编：350025　网址：www.fep.com.cn 编辑部电话：0591-83726971 发行部电话：0591-83721876　87115073　010-62024258）
出 版 人	江金辉
印　　刷	福建东南彩色印刷有限公司 （福州市金山工业区　邮编：350002）
开　　本	710毫米×1000毫米　1/16
印　　张	11.75
字　　数	126千字
插　　页	2
版　　次	2024年7月第1版　　2024年7月第1次印刷
书　　号	ISBN 978-7-5334-9986-0
定　　价	45.00元

如发现本书印装质量问题，请向本社出版科（电话：0591-83726019）调换。

序

游戏是幼儿的天性，是儿童的精神态度的完整性和统一性的标志。现代学前教育鼻祖、德国教育家福禄贝尔认为：幼儿期的各种游戏是“整个未来生活的胚芽，因为整个人的最纯洁的素质和最内在的思想就是在游戏中得到发展和体现的”。中国幼儿教育的奠基人陈鹤琴先生指出：“儿童游戏乃是天然的，近世教育利用这种活泼的本能以发展儿童之个性与造就社会之良好分子。”游戏对儿童发展的重要作用毋庸质疑。幼儿生活游戏，就是利用生活中随处可见的各类物质，让幼儿充分与之互动。在赏物、玩物的过程中，幼儿不仅习得丰富多元的有益经验，同时获得自由、自主、创造与愉悦的游戏精神。生活游戏不仅促进了幼儿身心的全面发展，也让幼儿的在园生活充满童趣。

游戏是幼儿的基本活动。教育部印发的《幼儿园工作规程》指出，幼儿园应以游戏为主要活动，将游戏作为对幼儿进行全面发展教育的重要形式。“以游戏为基本活动”，一直以来是幼儿园课程改革的重要指导思想。泉州市温陵实验幼儿园在历经 15 年的博物课程深耕过程中，充分挖掘本地域的自然资源充实幼儿游戏的材料，将易收集、易操作、好玩有趣、低结构的材料充实到幼儿的游戏生活中，让游戏更具开放性、灵活性，让生活中的材料在幼儿充满创意的互动中熠熠生辉，散发独特的教育魅力。

本书就是该园教师长期实践的成果。书中收集整理了该园创编的 135 则幼儿生活游戏，详细介绍了各种游戏所需的材料、玩法与规则、游戏价值及其指导关注点。本书突显操作的实用性、运用的广适性，对丰富幼儿园游戏类型，提升幼儿园游戏质量大有裨益。

吴荔红

2024 年 7 月

目　录

玩水类游戏

豆类游戏

第二辑　植物类游戏

树枝类游戏

花类游戏

树叶类游戏

稻草类游戏

第三辑　塑料类游戏

吸管类游戏

瓶盖类游戏

塑料袋类游戏

塑料瓶类游戏

纽扣类游戏

酸奶瓶类游戏

勺子类游戏

PVC 管类游戏

第五辑　纸质类游戏

报纸类游戏

纸杯类游戏

纸牌类游戏

纸筒类游戏

绪 论

博物教育是我园的特色课程，在开展博物教育课程活动中，我们会从自然、社会、文化、科技等方面收集与幼儿生活相关的事物，以此为载体开展多样化的博物教育活动。其中有一种活动形式，便是收集、利用生活中的常见物品开展游戏活动，以唤起幼儿对周边生活中物品广博性的关注及收藏意识，这就是幼儿园生活小游戏。

一、生活小游戏及其类型

生活小游戏指的是游戏材料多来自幼儿生活，材料具有易收集、易操作、好玩有趣、玩法多样，且对所需的活动场地空间方面无特别要求，游戏随时随地便可开展，具有开放性、灵活性、便捷性等特点。如果从游戏材料类型来划分，生活小游戏的类型常见有：自然物类游戏，如石头类、泥沙类、玩水类等；植物类游戏，如树枝类、花类、树叶类、稻草类、豆子类等；塑胶制品类游戏，如吸管类、瓶盖类、塑料袋类、塑料瓶类、纽扣类、酸奶瓶类、勺子类、PVC 管类、轮胎类；纸制品类游戏，如报纸类、纸杯类、纸牌类、纸筒类、纸板类、纸袋类、纸箱类。棉纺类游戏，如布类、绳类等。

生活小游戏是一种充满创意的游戏，幼儿可以发挥自己的想象，凭借自己的经验赋予材料的各种玩法，并在游戏的过程中收获快乐，体验成长。在幼儿园课程游戏化的背景下，生活小游戏的价值更应引起人们的重视。

二、生活游戏课程的实施与指导

1. 生活游戏课程的实施

生活游戏是从幼儿的身心发展规律和学习特点进行设计的，幼儿可以拓展游戏材料，创新游戏玩法，获得多样化经验。什么时间适宜开展生活游戏?既可以用专门的时间段来开展，也可以利用入园、离园等相对比较零碎的自由活动的时间来开展。

（1）在活动内容安排上，根据不同年龄段开展不同类型的生活游戏。

小班幼儿以直接行动思维和具体形象思维为主，其游戏类型多为单独游戏和平行游戏，以重复性操作为主，扩展性的操作出现较少，虽有时也有创造性的表现，但水平处于初级阶段。故小班幼儿适合开展自然物类中的石头类游戏，植物类中的树枝类、树叶类游戏，纸质类中的报纸类游戏等。中班幼儿以具体形象思维为主，具备一定的创造意识。对于同一材料，他们多次操作后便不再满足原来的常规性玩法，愿意尝试新的玩法，逐渐懂得分享、合作、协商，有意识的合作行为开始发展。中班幼儿适合开展自然物类中的泥沙类、豆类游戏，植物类中的树枝类、花类、树叶类游戏，塑料类中的瓶盖类、塑料袋、酸奶瓶类游戏，棉纺类中的布类游戏，纸质类中的纸筒类、纸板类游戏。大班幼儿处于抽象思维的萌芽阶段，他们的社会交往能力、想象力、创造力、动作发展水平有很大提高，他们游戏的自主性、目的性、计划性、综合性较强，有一定的探究能力，呈现出较高的游戏水平。大班幼儿适合开展自然物类中的玩水类、豆类等游戏，植物类中的稻草类游戏，塑料类中的吸管类、纽扣类、PVC 管类、轮胎类游戏，棉纺类游戏，纸质类中的纸杯类、纸牌类游戏。

（2）在活动空间安排上，将生活游戏视为幼儿园班级区域活动设置的重要内容。

将生活游戏作为一个相对独立的区域活动而常态式存在，即独立式的生活游戏区域活动；或是将生活游戏与现有的班级区域活动内容有机相融合，丰富班级已有区域活动内容，即融合式的生活游戏区域活动。

（3）在活动形式安排上，有专门式和渗透式的生活游戏活动。

专门式的生活游戏一般可以放在户外活动、区域游戏环节，有相对比较整体的时段。户外生活游戏通常是每天的早晨和下午户外游戏环节，一般是30分钟的户外游戏时间，如轮胎游戏、树枝游戏等。在区域活动中开展生活游戏，可以根据班级实际开展，与区域活动有机结合，所投放的生活材料能满足幼儿足够的时间进行互动、体验、操作、分享。渗透式的生活游戏活动可以利用一日生活中的过渡环节，如餐前餐后、午休起床、入离园时段等，幼儿自选材料结伴游戏，有时也可作为集中活动的延伸拓展环节。

（4）在活动时间安排上，有如下两种方式。

一是在日活动安排上，生活游戏可以渗透在一日活动中的自由活动、户外活动、区域活动环节，具有灵活组织的特性。通过生活游戏将幼儿园课程结构进行优化，符合幼儿的行为特点，可以更好地激发幼儿参加日常活动的兴趣和积极性。教师可依据不同幼儿的年龄特点和需要，随时随机与幼儿游戏，并考虑生活游戏和其他活动的动静交替，室内室外，集体、小组与个别活动相结合，以提高幼儿的活动效率。例如，在户外活动时提供不同材质、不同大小的布，鼓励幼儿创意布的玩法，可用布搭建隧道，也可玩开船、捕鱼的游戏。又如，大班幼儿学习加减运算时，教师可在区角活动中提供生活中常见的纸牌，引导幼儿玩纸牌找朋友、纸牌配对的游戏，让幼儿在游戏中巩固加减运算。二是在周课程安排上，每周可安排三次生活游戏，不同年龄班游戏的时长有所区别，教师可弹性调整。生活游戏既要关注与五大领域的平衡，也要考虑游戏和区域活动的联系；既要将小生活游戏纳入周课程的整体规划之中，又要倡导生活游戏与其他课程活动的共生与融合。课程活动是系统的整体的呈现，生活游戏是游戏的一个分支，源于幼儿生活或已有经验，其内容可依据幼儿在课程进程中生发而成的兴趣和需要，具有低结构、灵活性的特征，起到延展课程、促进学习的作用。例如，在博物课程中投放相应的低结构材料，可触发幼儿的兴趣热点，以材料为媒介让幼儿在有准备的物质空间中互动催生深度学习，从“感知—探索”到“探索—发现”再到“探索—方法”的有效学习，引发幼儿学习兴趣与探究欲望，激发幼儿积极专注、合作学习，解决问题等良好学习品质。生活游戏为教师提供课程实施的理念，是课程目标达成，评价儿童发展的结果反映。再如，幼儿在用纸杯进行搭建，纸杯越搭越高时就会发生倒塌的情况，这个问题可以成为周课程中科学活动的内容。教师通过集体活动的形式，为幼儿提供分组讨论、合作探究、尝试解决问题的机会，有效梳理出可通过调整纸杯位置摆放、错层搭建、轻拿轻放等使搭建不易倒塌的方法；幼儿通过科学集体教学而获得相关经验，又可推进与提升生活游戏的质量，即形成“游戏——学习——游戏”三个环节循环递进的关系。

生活游戏虽然具有游戏的属性，但又具有低结构性、灵活性和不确定性，因此在组织与实施游戏过程中，教师应避免游戏教学化和游戏模式化。选择游戏的内容时应重视幼儿的兴趣和好奇心，避免过多考虑其教学因素；观察幼儿游戏行为时应淡化目标意识，更多关注幼儿在活动过程中所体现出来的创造性和自主性等学习品质。

2. 生活游戏课程的指导

生活游戏可以与幼儿园课程完美契合，还可融入一日活动中的生活环节。教师在安排的时候，应尽可能在考虑动静搭配、均衡发展的原则基础上，根据本班幼儿年龄特点和实际情况进行选材，尊重幼儿的兴趣，激发幼儿自由自主地探究，并创设宽松氛围，创造生成新游戏的条件和机会，让幼儿在学习模仿中再创新、再发展，进而不断充实和丰富生活游戏“资源库”及“课程活动库”。

在开展生活游戏时，要注意以下事项：

（1）关注低结构材料。

都说，世界上没有两片树叶是一样的。生活游戏中的低结构材料更是丰富多样、无所不有的。就拿树叶的种类来说，按叶柄上叶的数量分为单叶和复叶；按叶在茎上的着生方式（叶序）可以分为互生叶、对生叶、轮生叶、螺旋状着生叶、簇生叶、束生叶；按叶的形状可以分为鳞形、锥形、刺形、条形、针形、披形、倒披针形、椭圆形等。如此广博丰富的物质世界，带给幼儿的感官体验是多元的、博物的。因此，在开展生活游戏时，我们尽可能地筛选挖掘适宜性、多样性的材料，让幼儿的博物意识在收藏运用中自然生发。例如，生活中的纸被广泛运用，低的款式、功能繁多，有蜡光纸、亮光纸、吹塑纸、铜版纸、刮画纸等特殊纸材，也有面巾纸、报纸、白纸、宣纸、牛皮纸等常见纸材。当各种材质、不同厚薄的纸材被幼儿收集到了班级里，其丰富性和广博性给予幼儿强烈的视觉和认知冲击，在耳濡目染的接触中，幼儿对纸材的特性就有了一定的了解，也就加大了生发游戏的可能性：他们会拿着彩色广告纸折成纸飞机到处飞，用各种纸折成不同形状的小船做沉浮实验，用吹塑纸雕刻成图案进行拓印，用旧报纸玩“迎风跑不掉”的游戏，用铜版纸和半个乒乓球玩转“睡莲”游戏……总之，教师提供的低结构材料越丰富越多样，越能打开幼儿的视野，丰富幼儿想象力，激发其创造欲。

（2）关注生成性玩法。

生活游戏中的低结构材料玩法基本上是在幼儿与材料互动的过程中产生的。我们主张开发幼儿自主构建经验、创造游戏玩法的潜能，鼓励幼儿“以物代物”“一物多玩”，让玩法更多样、游戏更开放。教师更要善于观察幼儿与材料互动的关系，观察哪一种玩法更能吸引本班幼儿，有多少幼儿对该玩法感兴趣，投入材料后并不是一劳永逸的，而是需要教师不断调整材料、调整玩法，让游戏更适宜。尽可能在考虑动静搭配、均衡发展的原则基础上，根据本班幼儿年龄特点和实际情况进行选材，如绳子的玩法很多会涉及编织，这一动作有一定的难度，大班幼儿能更好地掌握，而如果是在中班，教师则可选择绕线游戏、团太阳花等更适合中班年龄段幼儿特点的游戏。鉴于低结构材料的游戏偏向于小肌肉动作多的情况，教师应统整每周甚至每天的博物课程活动，做到动静结合，有效促进幼儿的全面和谐均衡发展。

除此，还要尊重幼儿的兴趣，激发幼儿自由自主地探究，并创设宽松氛围，创造生成新游戏的条件和机会，如在“玩转石头”游戏中，幼儿就由原来的“保龄球”游戏生发了用石头打保龄球的活动，后来还由“藏手绢”生成了“藏宝石”游戏、由“丢手绢”生成了“丢石头”游戏，由“拼搭坦克”生发了“恐龙基地”的活动。幼儿在学习模仿中再创新、再发展，提高借鉴共享价值。

游戏是发展幼儿认知、个性、情感、社会交往能力的途径，也是幼儿发展的具体体现。教师在游戏实施中要注重观察分析，了解幼儿游戏行为背后所折射出的各方面发展水平和内心世界，为幼儿园课程活动的实施提供依据。教师可以观察幼儿喜欢的游戏主题、内容和材料，倾听幼儿在游戏中说些什么，分析幼儿在游戏中做了什么，遇到了哪些困难，如何解决等等。同时，教师对观察到的游戏行为及时作出反思调整，如提供的游戏时间和空间是否合适，材料的投放是否适宜，幼儿的兴趣点是什么，认知经验和社会性哪些方面有了进步，还有哪些方面需要给予支持和帮助等等，并以此引发出能进一步支持幼儿发展的课程活动。

第一辑

自然物类游戏

大自然用它神奇的力量，孕育了万物。石头、贝壳、泥沙、种子等资源是幼儿经常看到和接触的自然物。基于幼儿的兴趣及自然物便于采集的优势，我们充分挖掘和利用自然物开展丰富的游戏活动。幼儿在自然物探索游戏中，通过充分调动自己的观察、探究和想象思维，直接感知和实际操作不同类型的材料，感受大自然的神奇和有趣。他们用石头垒成塔、创意组合、设计迷宫；用泥沙做实验、制漏斗、绘沙画；用水试沉浮、搭水桥、做喷泉；用豆子做乐器、磨豆浆、种植观察……幼儿在游戏中探究、思考，生发新经验。

石头类游戏

1. 石头塔

一、游戏材料

常见石头若干。

二、游戏目标

1. 运用多种感官了解石头的特征。

2. 能运用各种不同方式将石头塔垒高。

3. 尝试用简单的语言表达自己的发现。

三、游戏玩法

1. 把石头层层垒好，比比谁垒得高。

2. 可增加难度，请幼儿站在起始线内用小鹅卵石往垒好的石塔投掷，比谁砸掉的石头多。

四、关注点

提醒幼儿投掷时要注意安全，不可朝人投掷，投掷的距离可根据幼儿实际水平进行调整，提高挑战难度。

2. 石头趣玩

一、游戏材料

常见石头若干、油性记号笔、小木棍。

二、游戏目标

1. 观察人在不同情绪状态下的五官变化。
2. 能根据不同石头形状搭配出不同的表情，丰富石头脸谱。

三、游戏玩法

1. 用记号笔在石头上画出不同的情绪表情。
2. 运用小木棍为石头脸谱组装动作（石头人）。
3. 拓展：模仿石头人，比画出相应的动作。

四、关注点

观察幼儿能否根据不同石头形状设计不同表情彩绘。

3. 石头精灵

一、游戏材料

常见石头若干、树叶、小树枝。

二、游戏目标

1. 运用多种感官了解石头的特征。
2. 能运用各种方式摆放石头小动物。
3. 尝试用简单的语言表达自己的发现。

三、游戏玩法

用小石头摆放自己喜欢的小动物并用其他自然物进行装饰。

四、关注点

进行分层指导，对能力弱的幼儿可提供动物图片进行辅助，对能力强的幼儿启发大胆想象、创意表现。

4. 石头找朋友

一、游戏材料

常见石头若干、油性记号笔、白纸、数字卡片。

二、游戏目标

1. 能根据石头形状找到对应的石头轮廓画。
2. 尝试在石头上画出简单的线条来自由组合成石头迷宫。
3. 用石头摆出对应的数字。

三、游戏玩法

玩法一：在白纸上用勾线笔勾画出石头轮廓后打乱，再找出对应的石头。

玩法二：出示卡片，用石头拼出对应的图形或数字。

玩法三：鼓励幼儿在石头上画出简单的线条后，用画好的石头自由设计石头迷宫。

四、关注点

观察幼儿创意使用石头的情况，可合作游戏。

5. 美味的“怀石料理”

一、游戏材料

摆盘器、石头、鲜花、树叶、颜料。

二、游戏目标

1. 能用石头以物代物制作料理。

2. 认识常见的食物，掌握饮食搭配的方法。

三、游戏玩法

用石头、鲜花、树叶制作“料理”，并在器皿中进行摆盘。

四、关注点

观察是否能结合其他材料进行“料理”创作。

6. 石头多米诺

一、游戏材料

画好点数的石头。

二、游戏目标

1. 能把相同点数的石头首尾相连。

2. 在操作中，能手口一致点数 10 以内的数，并说出总数。

三、游戏玩法

1. 将每块石头中间画横线隔开，分为上下两部分，上下分别点上 1—10 之间的不同的数字点数。

2. 让幼儿数一数每块石头上的点数，把相同点数的石头首尾相连，比一比谁拼得长。

四、关注点

观察幼儿设计规则，同伴竞赛游戏的情况。

7. 抛石“跳房子”

一、游戏材料

画好的房子、小石子。

二、游戏目标

1. 学习单脚跳、双脚跳，掌握正确的起跳和落地姿势。

2. 乐于参与游戏，体验游戏带来的乐趣。

三、游戏玩法

在地面上画数字房，幼儿分两组用“剪刀、石头、布”定顺序，获胜的一组优先玩游戏。

玩法一：从1号房开始跳，不能进入已经有小石子的房间，单号房间单脚跳，双号房间双脚跳。跳到10号房间后，转身往回跳。返回时捡起小石子跳回来。把小石子丢进2号房间，继续之前的游戏玩法，直至结束。

玩法二：跳完第八轮后，把小石子扔进“天空”房，跳入“天空”房后，把石子放在脚背上踢起来，然后用手抓住石子往回跳。

玩法三：起点背对着房子，把石子越过头顶向后扔，石子进入那个房间，跳房子时，便不能踩到这个房间，只能越过去。如遇组员无法越过房子跳过去时，对方获胜。

四、关注点

1．关注幼儿是否理解游戏规则，是否能协商解决问题。

2．指导幼儿掌握正确的起跳和落地姿势。

8. 石头蜡烛

一、游戏材料

小蜡烛、各种各样的石头、儿童胶枪。

二、游戏目标

1. 了解常见烛台摆件的造型。
2. 能用石头设计出造型独特的烛台摆件。
3. 学习儿童胶枪的使用方法。

三、游戏玩法

1. 用石头摆成自己喜欢的烛台摆件造型，并用胶枪固定。
2. 最后把蜡烛固定在烛台摆件上。

四、关注点

1. 指导幼儿正确使用胶枪，必要时提供帮助。
2. 引导幼儿大胆想象进行创作。

9. 接石子

一、游戏材料

小石子。

二、游戏目标

1. 学习抛接动作，尝试先向上抛小石子然后向下抓其他小石子。

2. 乐于参与抛接游戏，体验抛接带来的快乐。

三、游戏玩法

1. 把五个石子撒落在地上。

2. 把其中一个石子抛向空中，在石子落下来之前，抓起地上的另一个石子后，迅速接住掉落的石子。以同样的方式抓起两个石子抛出，再从地上抓起两个石子，以此类推，直至石子全部接住。

四、关注点

1. 关注幼儿是否能理解游戏规则，并能协商解决问题。
2. 提醒幼儿游戏时，注意安全。

10. 石头时钟

一、游戏材料

常见石头若干、油性记号笔、小木棍。

二、游戏目标

1. 能说出钟表表盘的结构，会看整点和半点并能正确认读。
2. 知道分针走一圈、时针走一格就是一小时。

三、游戏玩法

1. 在石头上写上1—12数字并排成时钟的造型。
2. 出示时间卡片并根据卡片上的时间摆出相应的分针和时针。

四、关注点

1. 引导幼儿分清时针、分针。
2. 指导幼儿学习整点和半点并能正确认读。

泥沙类游戏

1. 趣味玩沙

一、游戏材料

玩沙玩具。

二、游戏目标

1. 尝试用多种工具挖水渠，体验不同工具挖水渠的差异。

2. 能与同伴合作设计挖水渠的路线，学会分工与合作。

3. 体验玩沙的乐趣，遵守玩沙规则，不扬沙、扔沙。

三、游戏玩法

1. 幼儿组队设计水渠路线。

2. 根据计划好的路线，幼儿运用挖、铲、拍等玩沙技能，结合 PVC 管道挖出水渠的轨道。

3. 验证轨道衔接情况。

四、关注点

引导幼儿运用各种玩沙技能，合作玩挖水渠游戏。

2. 量沙

一、游戏材料

相同形状不同容量的量杯、相同容量不同形状的量杯。

二、游戏目标

在实验操作中获得有关容积守恒的经验。

三、游戏玩法

1. 请幼儿选择相同形状、不同容量的量杯，装满沙子，引导幼儿观察量杯上的刻度，能够按量取沙。

2. 启发幼儿将沙子从一个量杯分别倒入不同的量杯中，也可将若干小容量量杯里的沙子汇入一个大量杯中。

3. 请幼儿选择相同容量但不同形状的量杯，引导幼儿在不同形状的量杯之间倒入倒出沙子。

四、关注点

观察幼儿能否寻找其他容器进行测量游戏，感知各量杯中沙子的多少，感受量的守恒。

3. 筛沙

一、游戏材料

网眼大小不同的纱网、木质网纱架、玩具铲子、装沙容器。

二、游戏目标

1. 探索并感知沙子有粗有细，颗粒状、松散、不溶于水的基本特性。

2. 在筛沙的过程中，发现沙的流速与网眼的大小及沙子颗粒的大小有关。

三、游戏玩法

让幼儿用纱网或者沙筐筛沙、运沙，玩建筑工地游戏。

四、关注点

能观察发现沙子颗粒大小与筛子网眼大小的关系。

4. 自制沙漏

一、游戏材料

矿泉水瓶若干（瓶口大小不一）、秒表、漏斗。

二、游戏目标

1. 能仔细观察、比较，了解洞口的大小、多少与沙流速间的关系。

2. 感受沙漏的趣味性，能合作比较实验，并准确记录、清楚表达实验结果。

三、游戏玩法

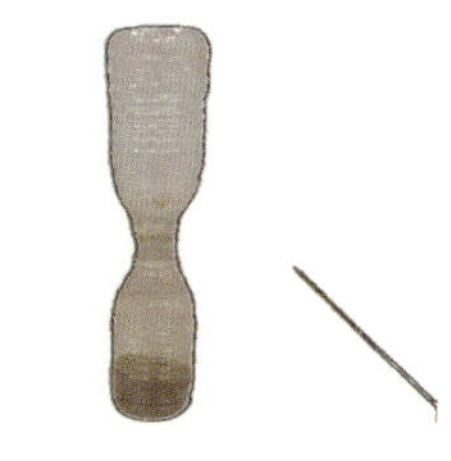

1. 两个相同的矿泉水瓶为一组，在其中一个矿泉水瓶中装入适量的沙子。每组瓶子中装入的沙子数量不变。分别将每组矿泉水瓶的瓶口相对并用透明胶带扎紧，可以在瓶身做简单的装饰，沙漏即制作完成。

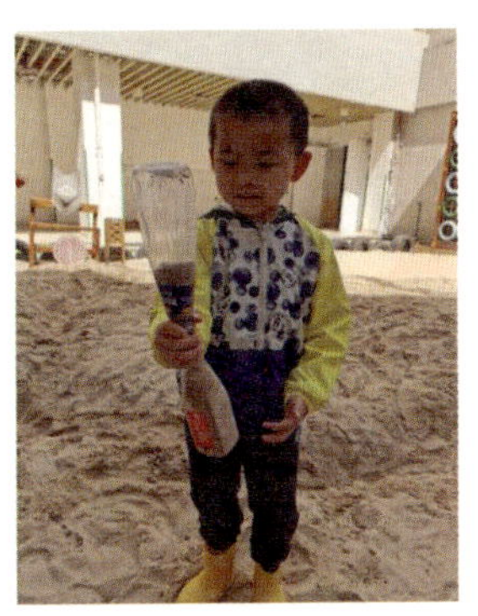

2. 倒转沙漏，观察沙子的流动，记录沙子漏完的时间。

3. 同时倒转多个瓶口大小不等的沙漏，比较它们漏完的不同时间。

4. 用剪刀在瓶盖上戳洞，洞有大有小，可以有两个或三个洞。在同时倒转沙漏的过程中，请幼儿观察、比较瓶盖洞眼大小与沙子流速的关系。

四、关注点

引导幼儿发现同时倒转沙漏时，不同瓶口沙子流动的速度不同，并能记录观察到的结果。

5. 沙画

一、游戏材料

沙画盘、沙子、小扫把簸箕套装、刮画笔。

二、游戏目标

1. 能用抓、漏、扣、捏、推、刮等方法体验沙画的基本作画方法，锻炼手指的灵活性和想象能力。

2. 能用手或美工用具画出自己心中美丽的画面，体验沙画带来的乐趣。

三、游戏玩法

在沙画盘里作画。

四、关注点

注意作画时的手势或使用工具情况，能大胆作画。

6. 小泥砖

一、游戏材料

砖块盒、泥土、沙铲、抹泥玩具。

二、游戏目标

1. 感知泥土的特性以及含水量与泥土湿度之间的关系。

2. 对泥土变成小砖块的现象感兴趣。

三、游戏玩法

1. 将湿泥填入砖块盒里，用手掌或者工具拍实。

2. 将砖块盒放在阳光下晾晒至少 48 小时。

3. 等小泥砖晾干后，轻轻取出小泥砖，开始搭建。

四、关注点

观察幼儿把泥土装入砖块盒时是否拍打严实，是否发现加水的多少对泥巴黏稠度的影响，找到合适的泥水比例。

玩水类游戏

1. 沉浮实验

一、游戏材料

常见石头若干、树叶、小树枝、记录表。

二、游戏目标

1. 能观察、比较不同物体在水中的沉浮现象。

2. 积极思考，大胆操作，并能用语言较完整连贯地表达自己的意思。

3. 尝试用简单的图画记录观察和探索的结果。

三、游戏玩法

1. 预测这些材料放进水里会出现怎样的情况，并进行记录。

2. 动手试一试，观察不同材料放入水中所呈现的各种现象。

3. 用贴纸把它们在水中的位置标记到记录表相应的位置上。

4. 玩水时，可以尝试用各种方法改变物体的沉浮状态，比如，如何让上浮的材料下沉、如何让下沉的材料上浮等。

四、关注点

观察幼儿是否能比较，发现不同物品在水中沉浮状态的不同，并将自己的发现作相应的记录。

五、拓展玩法

1. 可以让幼儿进行“让鸡蛋浮起来”的实验。准备一杯清水，并把鸡蛋放进去，观察鸡蛋在杯中的沉浮情况；然后在这杯水中不断加盐，观察鸡蛋在杯中的沉浮变化。

2. 可以让幼儿用空矿泉水瓶做实验，尝试如何让瓶子沉入水底、浮在水面或立在水中。

2. 什么东西不见了

一、游戏材料

量杯若干、白糖、果汁粉、砂盐、漏斗、过滤纸沙子、沙子、搅拌棒。

二、游戏目标

1. 对“融化”和“溶解”现象产生兴趣，有探究的欲望。

2. 发现有的物体在水里能被溶解，有的物体在水里不能被溶解，同时发现搅拌、加热等方式能加快溶解速度。

3. 能够大胆动手实验并记录，乐于与同伴交流分享自己的发现。

三、游戏玩法

玩法一：将若干个冰块同时拿出，引导幼儿用多种方法让冰块融化，比较融化速度的不同。比如，放在室内任其自然融化、加热融化、放在阳光下融化等。

玩法二：让幼儿分别舀一勺果汁粉、一勺砂糖、一勺盐以及一块糖块，然后把它们分别放在相同温度且水量相同的水杯中，并用勺子搅拌，观察溶解现象。

玩法三：让幼儿选择一种溶解物，然后把它们分别放在不同温度但水量相同的水杯中，并用勺子搅拌，观察溶解现象。溶解后请幼儿品尝，会有甜、咸的味道，帮助幼儿进一步感受溶解现象。

玩法四：让幼儿选择两种物质（一种可溶解，一种不可溶解），然后把它们分别放在相同温度且水量相同的水杯中，并用勺子搅拌，观察溶解现象。

四、关注点

1．观察幼儿是否能观察，并发现温度对融化的影响，发现水的温度越高溶解越快。

2．引导幼儿将自己观察到的结果和温度记录下来。

五、拓展玩法

1．在幼儿自制冷饮时，引导幼儿注意观察冰块与水温之间的关系：随着冰块的融化，饮料逐渐变凉，冰块越多，水温越低。

2．提供滤纸，引导幼儿尝试将溶解的液体进行过滤，发现溶解的物质会随水一起透过滤纸，而无法溶解的物质则不会随水一起透过滤纸。

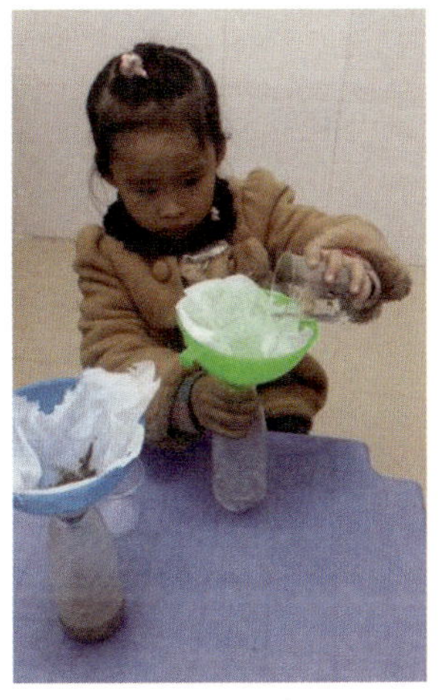

3. 玩水游戏

一、游戏材料

玩水玩具、海绵、各种瓶子、木夹子。

二、游戏目标

1. 在玩水过程中，初步感知水会流动，体验玩水的乐趣。

2. 愿意运用各种材料尝试玩水的游戏，并能用实验、比较、记录等方法感知水的特性。

3. 尝试用简单的语言描述观察到的各种现象。

三、游戏玩法

挑选自己感兴趣的玩具和生活材料，并运用这些材料进行捞、运、夹等玩水游戏。

四、关注点

1. 在玩水的过程中，引导幼儿观察发现水的一些特性（流动、张力、浮力、压力、黏合）以及不同的材料在水里呈现的不同现象。

2. 观察幼儿是否能手眼协调地使用玩具。

3. 引导幼儿愿意用语言简单描述自己玩水的过程与观察到的现象，并进行记录。

4. 水管游戏

一、游戏材料

长短不一的横切水管、奶粉罐、铁盒、桶、水车、毛巾。

二、游戏目标

1. 探索多种搭接水渠管道的方法，从中感知水流动的特性。

2. 能在反复探究、试验、验证的过程中，进一步提高解决问题的能力。

三、游戏玩法

1. 尝试安装水管，让水流出来。

2. 探索各种材料的组合方式，尝试新玩法。

四、关注点

1. 引导幼儿选择各种材料进行组合。

2. 观察幼儿是否能关注到水流的方向。

3. 鼓励幼儿在遇到困难时能寻求解决问题的方法。

5. 旋转的小花

一、游戏材料

泥工板、剪刀、乒乓球、水。

二、游戏目标

1. 尝试用乒乓球制作旋转的小花。

2. 探究小花旋转，能发现板子的倾斜度决定小花的旋转速度，并感受水吸附力的作用。

3. 乐于用自己的语言表述所发现的结果。

三、游戏玩法

1. 将乒乓球沿横切面剪开，然后沿边缘分别剪成锯齿状，做成小花。在一个乒乓球小花的底部蘸一点水，然后放在硬塑料板上。让幼儿双手握住塑料板的两边，慢慢倾斜塑料板，就会看到乒乓球小花快速旋转起来。

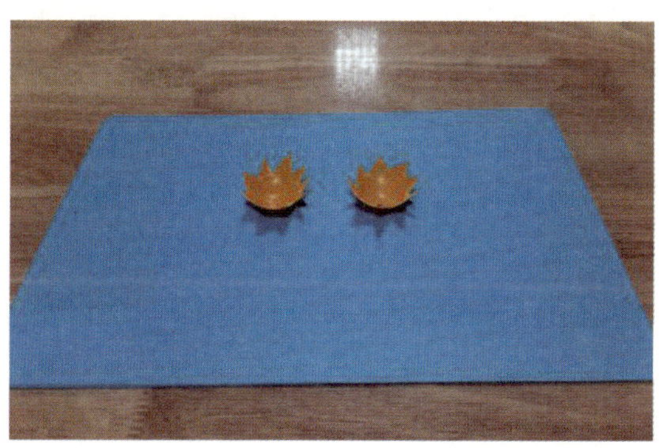

2. 取一个没有蘸水的乒乓球小花并把它放在塑料板上，让幼儿倾斜塑料板，观察小花的旋转与蘸过水的小花的旋转有什么不同。

3. 在塑料板上放两个以上蘸过水的乒乓球小花，并让它们同时旋转起来，看谁转的时间长，谁转的乒乓球小花的数量多。

4. 让两名幼儿共同操作一个塑料板，协同让蘸过水的小花旋转起来。

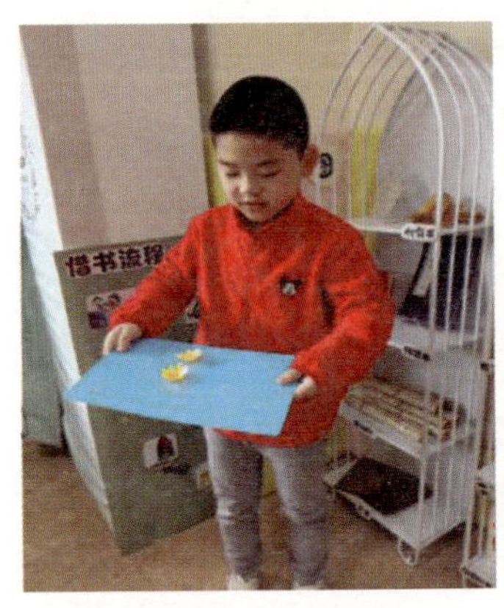

四、关注点

引导幼儿观察比较没有蘸水的乒乓球小花和蘸了水的乒乓球小花旋转起来有什么不同。

五、拓展玩法

1. 可以用其他圆底的材料代替乒乓球做小花进行游戏。

2. 尝试用不同质地的材料做托板，看哪种材料更容易让小花旋转起来。

3. 将蘸过水的两块塑料板放在一起，感受水的表面张力。

6. 自制喷泉

一、游戏材料

空饮料瓶（如雪碧瓶）、大头钉、水。

二、游戏目标

1. 积极探索让喷泉喷得高、喷得远的方法，感知喷泉的形成与水压有关。

2. 运用多种方法探索发现孔的大小与水柱之间的关系。

3. 迁移经验玩喷泉游戏，体验喷泉给生活带来的快乐。

三、游戏玩法

1. 在一个雪碧瓶的瓶身一侧竖排用大头钉扎若干个直径大小相同的小孔。在另一个雪碧瓶的瓶盖上扎数个直径大小不同的小孔。

2. 让幼儿在第一个瓶子中装满水，水会从瓶身的小孔中喷出来，观察水柱喷射的距离。

3. 让幼儿在第二个瓶子中装满水，并拧紧瓶盖，然后用力挤压瓶身，观察水柱喷射的高度。

四、关注点

1. 操作第一种瓶子时，引导幼儿观察哪个小孔喷出的水柱射得远，哪一个小孔喷出的水柱射得近，并记录自己观察到的结果。

2. 操作第二种瓶子时，引导幼儿感受力度大小对喷泉高度的影响。

五、拓展玩法

利用此方法，设计制作花洒或到户外操场玩喷泉游戏。

豆类游戏

1. 豆子分类

一、游戏材料

黄豆、红豆、绿豆、蚕豆等各种各样的豆子若干，分类盒，筷子或勺子。

二、游戏目标

1. 运用多种感官对豆子进行观察，感知并发现各种豆子的不同外形特征。

2. 练习三指捏、舀、夹等动作，锻炼手眼协调能力。

3. 学会按物体的某一特征进行分类，初步理解集合概念。

三、游戏玩法

1. 通过观察、触摸认识豆子，知道它们的名称及外形特征的不同之处。

2. 请幼儿分别按颜色、大小、形状等对豆子进行分类。

四、关注点

启发幼儿按照豆子的颜色、大小等特征进行分类。

五、拓展玩法

1. 将碗中的豆子按格子里标签上的数字分别送回家，巩固数与量的概念。

2. 将夹出来的豆子进行记录，感知组成和分解。

六、特别注明

此游戏中收集来的豆子，待游戏结束后放至种子博物馆，用于种植活动。

“夹豆子”记录单

姓名：　　　　日期：

次数	①号	②号
第一次		
第二次		
合计		

□ + □ = □

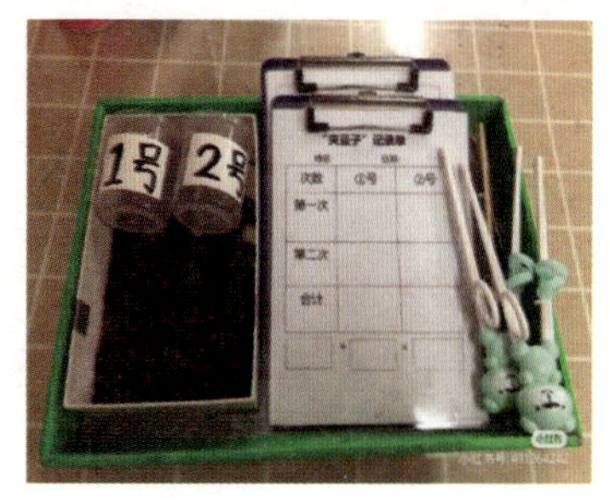

2. 豆子乐器

一、游戏材料

各种豆子、各种形状的矿泉水瓶、铁罐。

二、游戏目标

1. 积极探索豆子发声的秘密，乐意与同伴交流自己的发现和想法。

2. 利用自制的豆子乐器大胆创编节奏并表演。

三、游戏玩法

1. 将不同的豆子装入瓶中，摇晃瓶子，仔细倾听、分辨其声响差异。

2. 在感知各种豆子的基础上，在表演区自制豆子乐器进行表演。

四、关注点

幼儿的操作可从易到难，可改变容器的材质，也可改变豆子的多少，还可尝试调出各种渐变音。

五、特别注明

此游戏中收集来的豆子，待游戏结束后放至种子博物馆，用于种植活动。

3. 磨豆子

一、游戏材料

石磨、泡好的黄豆、容器、水、过滤网。

二、游戏目标

1. 了解石磨的构造以及操作方法，能自己独立操作。

2. 尝试用石磨磨豆子，了解制作豆浆的过程。

3. 能分工、合作，体验成功的喜悦。

三、游戏玩法

1. 用小勺舀起泡好的黄豆放入磨具中，反复转动石磨，把黄豆磨成乳白色豆浆，将豆浆进行过滤，把豆渣分开。

2. 将过滤出来的豆浆及豆渣分别制作成豆浆及豆腐脑。

四、关注点

观察幼儿的合作情况，是否懂得用旋转石磨的方向和加豆加水交替进行的方法。

4. 制作豆腐

一、游戏材料

在磨豆材料的基础上新增榨汁机、豆腐模具、纱布、葡萄糖酸内脂、锅。

二、游戏目标

1. 了解用各种工具制作豆腐的过程。
2. 初步学习制作豆腐的技能，尝试制作豆腐。
3. 体验合作成功的乐趣。

三、游戏玩法

1. 将过滤后的豆浆按 400 g 豆浆添加 1 g 内脂的比例计算出所需内脂量，并用温水化开备用。

2. 将黄豆磨成豆浆，在锅内煮好后，添加内脂，静置成豆腐脑。

3. 把豆腐脑倒入豆腐模具内，压成豆腐。

四、关注点

观察幼儿能否有序地按步骤进行制作，能否合作。

5. 水培豆苗

一、游戏材料

豆苗托盘、育苗纸、喷壶。

二、游戏目标

1. 认识豆芽，了解水培豆苗的基本知识。

2. 学会观察植物生长的过程，培养爱护植物的意识。

3. 感受种植活动的乐趣。

三、游戏玩法

1. 挑选合适的豆子，浸泡12个小时。

2. 在容器上铺好纱布或者厨房纸，喷水使其湿润，在底盆加水。

3. 放入豆子后，避光发芽1—2天，并适当喷水。

4. 长出小芽后观察它的变化。

四、关注点

1. 观察幼儿是否每天换水，能仔细观察发现豆苗的变化。

2. 引导幼儿用日志的方式记录自己的发现。

五、拓展玩法

1. 准备一本小本子，引导幼儿用一些简单的符号或简笔画来记录小植物的变化。

2. 除了豆类，也可以引导幼儿尝试种植葱、蒜等各种蔬菜的根茎。

3. 尝试将豆类植物分别种植在水、土、沙中，观察植物的生长变化。

第二辑

植物类游戏

在幼儿的世界里，春有花、夏有瓜、秋有果、冬有木，植物随处可见且资源丰富多样。幼儿园、马路边、公园里、山坡上、森林里，只要目光所及之处，都可见植物的踪迹。孩子们通过收集形态各异的树枝、树叶、花瓣等材料，开展游戏活动，更进一步地了解生命与自然，有效提升探究意识、创新思维、生态意识、审美能力，从而更加热爱自然、亲近自然、融入自然。在与植物对话、亲身体验中去探索、去寻找……幼儿园要重视种植活动，把握春、秋两季适合种植的时节，开启一段幼儿与植物的游戏之旅。

树枝类游戏

1. 树枝迷宫

一、游戏材料

鞋盒盖、小树枝若干、超轻黏土。

二、游戏目标

1. 能用树枝搭建迷宫。

2. 能创意组合出不同造型的迷宫，发展想象力和动手操作能力。

三、游戏玩法

1. 幼儿选择小树枝在鞋盒盖内自由搭建迷宫造型，用超轻黏土固定住树枝并装饰迷宫。

2. 取一小块超轻黏土搓成球状，手扶鞋盒盖两边，控制小球朝前后左右的方向滚动，将小球从树枝迷宫起点送到终点。

四、关注点

1. 观察幼儿是否能用树枝表现出迷宫的特点。
2. 鼓励幼儿大胆分享交流自己的作品。

2. 幸运树

一、游戏材料

树枝、超轻黏土、瓶盖。

二、游戏目标

1. 学习运用揉、捏、搓、压扁等技能，提高手指的灵活性。

2. 能创造性地装饰树枝，根据自己的想法完成手工作品。

三、游戏玩法

1. 用超轻黏土填满瓶盖与幸运树底座，再把树枝插入底座。

2. 用超轻黏土搓成小圆球、花朵等装饰物，粘到树枝上。

3. 装饰幸运树底座。

四、关注点

1. 在活动中鼓励幼儿发挥想象力和创造力，制作出与众不同的幸运树。

2. 引导幼儿互相观察和欣赏作品，交流感受。

3. 鼓励幼儿用自己的作品布置活动室。

3. 树枝弹弓

一、游戏材料

树枝、橡皮筋、无纺布、剪刀、打孔器。

二、游戏目标

1. 能正确使用剪刀，锻炼手部精细动作。

2. 学习使用穿拉的打结扣方法固定皮筋。

三、游戏玩法

1. 取一块无纺布，用剪刀剪下一块小长方形。

2. 用打孔器在长方形的两端各打一个孔。

3. 取两条皮筋用穿拉的方式分别绑在长方形无纺布的两个孔内。

4. 将两条皮筋的另一头分别固定在树枝的两个树杈上。

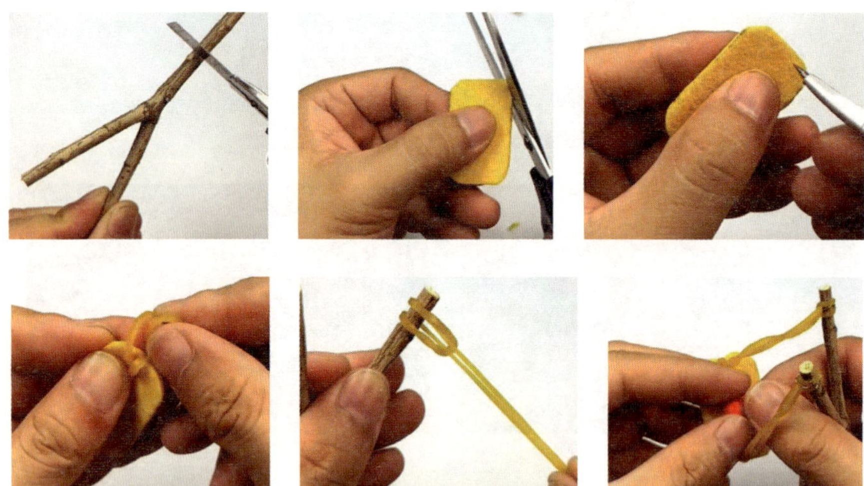

四、关注点

1. 提醒幼儿正确使用剪刀和打孔器，注意安全。

2. 指导幼儿学习穿拉的打结扣方法。

4. 树枝大闯关

一、游戏材料

树枝。

二、游戏目标

练习双脚并拢跳、双脚分开跳的动作。

三、游戏玩法

用多根树枝首尾连接拼出两条长长的路。

玩法一：将两条路分开，幼儿可以双脚并拢，左右交替向前跳，两组进行比赛。

玩法二：两条路一起玩，幼儿可以用双脚并拢跳，也可以用开合跳、单脚跳等方式前进。

四、关注点

1. 熟悉游戏后，还可以与平衡木、攀爬架、梯子等材料融合使用，增加游戏的层次性和多样性。

2. 可灵活调整树枝间的距离。

花类游戏

1. 鲜花拓印画

一、游戏材料

白纸、鲜花、木块。

二、游戏目标

1. 学习用“压印”的方法将鲜花拓印在纸上。

2. 能大胆想象，组合花朵图案。

三、游戏玩法

1. 取一张白纸，将花放纸上摆好造型，再取一张纸覆盖后用木块轻轻敲。

2. 把上面的纸张揭开，去掉花朵，用笔沿花印勾勒一下，鲜花拓印画就完成了。

四、关注点

提醒幼儿用木块轻轻敲，让鲜花完美拓印在纸上。

2. 鲜花书签

一、游戏材料

卡纸、透明胶、花。

二、游戏目标

学会用剪、贴的方法制作花朵书签。

三、游戏玩法

先用卡纸剪一个镂空的小花瓶，背面贴上透明胶带。把鲜花装饰在透明胶带上，再用透明胶带塑封。

四、关注点

1. 提醒幼儿正确使用剪刀。

2. 能有规律地装饰，感受创作的美。

3. 簪花围

一、游戏材料

黑色彩泥、纸碗、花。

二、游戏目标

1. 能运用搓、团圆、压扁、围合等技能塑造簪花围的基本造型。

2. 感受簪花围的色彩美和形态美，体验制作活动的乐趣。

三、游戏玩法

1. 先取一块黑色彩泥搓圆压扁后覆盖在纸碗上，再取一块黑色彩泥团圆后粘在纸碗顶部做头发，簪花围的基本造型完成。

2. 将事先准备好的鲜花按照自己喜欢的方式插到簪花围造型里，并用彩泥点缀装饰。

四、关注点

1. 引导幼儿有规律地进行装饰。

2. 幼儿戴上制作好的簪花围可自主表演。

4. 鲜花手串

一、游戏材料

细电线、各种花朵。

二、游戏目标

能按花朵的颜色、大小或形状有规律地串手串或项链。

三、游戏玩法

取一条细电线，在细电线丝的一头打结，将花朵从另一头穿过，整条电线丝穿完后，把头尾打个结，变成一串鲜花手串、项链。

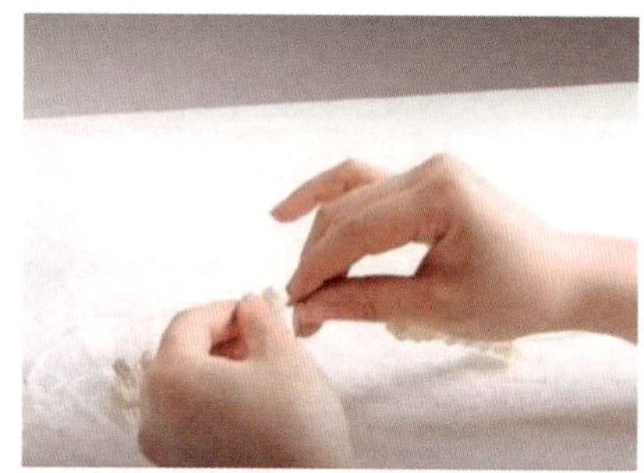
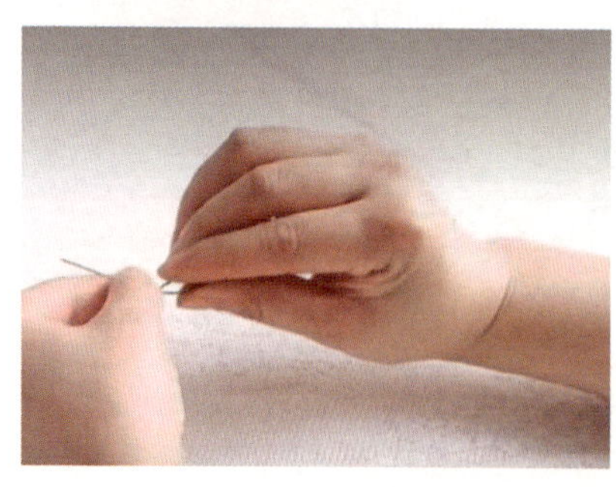
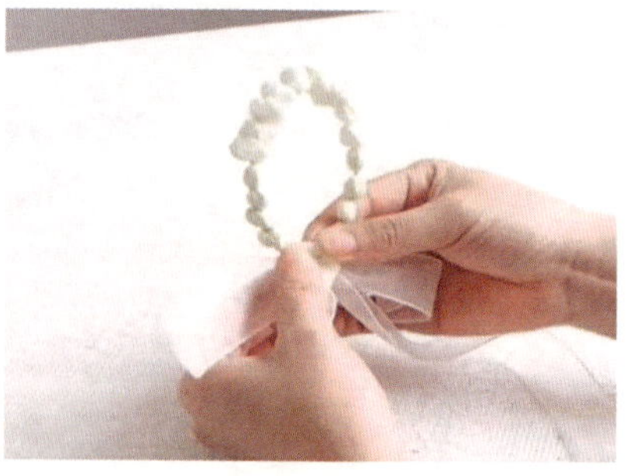

四、关注点

1. 引导幼儿观察花朵的形状、颜色等特征。
2. 能有规律地串花，并说出自己所排列的规律。

树叶类游戏

1. 镂空叶片花

一、游戏材料

树叶、小刻刀。

二、游戏目标

1. 能自主选择刚掉落的树叶，按照图片图案进行雕刻。
2. 学习使用小刻刀，提高手指灵活性。

三、游戏玩法

选择自己喜欢的树叶和图案，根据图案形状，沿着轮廓进行雕刻。

四、关注点

1. 提醒幼儿使用刻刀时注意安全。
2. 鼓励幼儿自主设计雕刻图案。

2. 树叶的创想

一、游戏材料

树叶、马克笔、记号笔。

二、游戏目标

1. 能运用各种线条、图案对树叶进行装饰。
2. 发现树叶的不同，感受图案和外形的美。

三、游戏玩法

用丙烯笔、马克笔、记号笔在晾干压平的树叶上作画。

四、关注点

幼儿能否有规律地进行装饰和排版。

3. 叶仙子贴画

一、游戏材料

树叶、图画纸、勾线笔、乳胶、水彩笔。

二、游戏目标

1. 能自主选择材料，并根据树叶的形状大小进行创意拼贴。

2. 能借形想象，进行树叶添画。

三、游戏玩法

选择自己喜欢的树叶，在画纸上创意拼贴出造型，并用乳胶进行固定，再进行想象添画。

四、关注点

能否有创意地拼贴造型，并想象添画。

4. 树叶对对碰

一、游戏材料

各种树叶、任务卡。

二、游戏目标

1. 观察树叶的形状和脉络。
2. 能根据树叶的形状和脉络找到相应的图案。

三、游戏玩法

自主选择树叶任务卡，观察任务卡上树叶的形状和脉络，寻找相同的树叶。

四、关注点

1. 是否能发现树叶脉络的不同。
2. 鼓励幼儿尝试设计树叶任务卡。

5. 影子畅想曲

一、游戏材料

树叶影子图片、勾线笔、水粉颜料、棉签、绒球、固体胶。

二、游戏目标

1. 能初步根据树叶的影子图进行借形想象，尝试选择各种材料添画。

2. 能大胆想象并进行艺术表征，体验创作的乐趣。

三、游戏玩法

1. 欣赏树叶影子图片，选择自己喜欢的树叶影子图借形想象。

2. 自主选择喜欢的材料，将树叶影子图变形作画。

四、关注点

将幼儿的作品布置成“树叶影子画展”，鼓励幼儿与同伴交流作品。

6. 草叶蝶拓印

一、游戏材料

各种形状大小的树叶、水粉笔、水粉颜料、水粉纸。

二、游戏目标

1. 能用拓印的方法将树叶轮廓和叶脉拓印出来。

2. 体验制作拓印画的乐趣，感受大自然的美。

三、游戏玩法

1. 选择叶脉纹理深的叶子，在叶子背面刷上颜料。

2. 将叶子摆在水粉纸上，推、压叶子后掀起叶子，作品就完成了。

四、关注点

1. 引导幼儿发现树叶形状、颜色、纹理之美。

2. 观察幼儿能否用正确的方法进行拓印。

稻草类游戏

1. 手作稻草人

一、游戏材料

稻草、麻绳、扭扭棒、剪刀。

二、游戏目标

1. 能用编织、裁剪、扎捆等方法制作稻草人。

2. 体验制作稻草人的乐趣，感受大自然的美。

三、游戏玩法

1. 选择一束稻草，底部堆齐。

2. 找到稻草中间的位置，用扭扭棒缠绕两圈拧紧，当成肚子，下面的稻草扎成两条腿，再用同样的方法扎出头部，顶部分出两股稻草变成双手。

3. 在稻草人的肚子里和头部填充稻草，让它们鼓起来。

4. 用剪刀修剪手、腿、头发等。

四、关注点

关注幼儿在活动中的参与度，引导幼儿正确使用工具，学习正确的制作方法。

2. 狮子的头发

一、游戏材料

干稻草、卡纸、勾线笔、水粉颜料。

二、游戏目标

1. 了解狮子的形态特征，并借助稻草表现形态。

2. 体验做稻草手工的乐趣，感受大自然的美。

三、游戏玩法

1. 取一张圆形卡纸，先用白色彩泥做成一个圆圈，将干稻草有规律地粘贴在圆圈上。

2. 用彩泥捏出一个狮子脸，放在稻草中间，装饰上眼睛、鼻子、嘴巴，再把干稻草涂成黄色，狮子制作完成。

四、关注点

1. 鼓励大胆进行手工制作活动。

2. 鼓励制作出其他形象的物体。

3. 亲亲稻草

一、游戏材料

稻草绳。

二、游戏目标

1. 利用稻草创编出多种玩法，发展幼儿想象能力。

2. 锻炼幼儿的手眼协调能力以及身体的运动能力。

三、游戏玩法

1. 跳格子：将稻草编成长绳，有间隔地放在地上，幼儿可以前后跳、左右跳、双脚跳、单脚跳等多种跳法。

2. 花样跳：将草绳摆成其他形状，幼儿按顺时针或逆时针方向跳。

3. 玩草球：将稻草绳绕成一个一个草球，幼儿自由玩球，有抛球、滚球、踢球等多种玩法。

4. 运草球：幼儿分成三队，每队排头的幼儿用球板托着草球作好准备，听到口令后迅速奔跑，尽快把草球运送到指定的地点，然后迅速跑回，将球板传给下一个队友，依次进行。先运送完的球队获胜。

5. 赶小猪：将草球放在地上，用纸棒推草球、运球等。

五、关注点

能大胆创新玩法，乐于与同伴分享设计的玩法。

4. 稻草鸟窝

一、游戏材料

干稻草、超轻黏土。

二、游戏目标

1. 探索用稻草制作鸟窝的方法，提高手指的灵活能力。

2. 体验制作稻草鸟窝的乐趣。

三、游戏玩法

选用较细的干稻草秸秆，互相交错编织形成鸟窝的形状。用黏土泥塑出鸟妈妈、鸟蛋和刚出生的小鸟，鸟窝就做好了。

四、关注点

鼓励幼儿大胆想象鸟窝的形状，制作并装饰鸟窝。

5. 稻草花瓶

一、游戏材料

干稻草、卡纸、毛绒球、乳胶。

二、游戏目标

1. 能大胆设计花瓶的造型，探索稻草花瓶的制作方法。

2. 感受稻草花瓶不一样的造型美。

三、游戏玩法

选一张卡纸，先画出花瓶的轮廓，根据花瓶轮廓大小裁剪相应大小的干稻草，用乳胶固定住，再选一些长短不一的干稻草制作花束并固定，稻草花瓶制作完成。

四、关注点

1. 指导幼儿正确粘贴。

2. 鼓励幼儿设计出不同造型的花瓶。

第三辑
塑料类游戏

塑料是一种轻便又耐用的材料，运用广泛。我们身边有许多物品是塑料制成的，如矿泉水瓶、塑料袋、吸管、 PVC 管等等，塑料制品与我们的生活密切相关，随处可见，易于收集。它是幼儿园游戏不可或缺材料之一。塑料多变性与多用途的特征能让幼儿在游戏中发挥想象，积极探索一物多玩的乐趣，如彩色瓶盖、颜色分类、多维排序、想象添画……幼儿运用已有的经验，迁移拓展新的经验，既感知塑料的特性，又体验创作成功的乐趣。在游戏中，教师要基于幼儿兴趣，满足需要，关注塑料与其他低结构材料的融合运用，创设一个有利于引发幼儿多种经验、支持幼儿互动的游戏环境，发挥材料在游戏中的价值最大化。

吸管类游戏

1. 吸吸乐大比拼

一、游戏材料

吸管、粘贴数字的鞋盒盖、点数卡。

二、游戏目标

1. 感知 10 以内数与量的对应关系，学习 10 以内的加减。

2. 训练其反应及心肺耐力，体验竞赛的乐趣。

三、游戏玩法

1. 普通玩法：两名幼儿为一组，比赛用吸管吸取点数卡放在相应的数字上方，率先完成的一方获胜。

2. 升级玩法：将点数卡换成 5 以内的加减法或 10 以内的加减法。

四、关注点

1. 观察幼儿认知 10 以内数与量的对应关系。

2. 观察幼儿对数的理解及 10 以内的点数和加减运算。

2. 吸管泡泡器

一、游戏材料

彩色吸管、泡泡液。

二、游戏目标

1. 能动手设计制作喜欢的吸管泡泡器。

2. 体验吹出泡泡的成就感。

三、游戏玩法

1. 将不同颜色的吸管剪成需要的长度。

2. 用双面胶将小吸管粘贴成自己喜欢的形状，再拿一根长吸管做手柄。

3. 蘸上泡泡液，玩吹泡泡游戏。

四、关注点

1. 观察吸管的粘贴方向是否一致，能否吹出泡泡。

2. 注意观察幼儿能否安全使用泡泡液。

3. 吸管运输

一、游戏材料

彩色吸管若干、钥匙环。

二、游戏目标

1. 锻炼身体协调能力。

2. 体验合作接力游戏的乐趣。

三、游戏玩法

1. 运输：幼儿用嘴巴叼吸管，放一个钥匙环，保持平衡走到10米远的桌子上放下。

2. 接力：幼儿分成5人一组，每人嘴里叼一支吸管，第一个人在吸管上放一个有一定重量的钥匙环之类的东西，比赛过程中，大家不能用手接触吸管和钥匙环，而是保持用嘴叼吸管的姿势把钥匙环传给下一个人，直到传到最后一个人嘴叼的吸管上。

四、关注点

1. 能遵守游戏规则，不用手接触吸管。

2. 熟悉玩法后逐渐增加难度来进行接力。

4. 吸管小人

一、游戏材料

彩色吸管若干、毛根、剪刀。

二、游戏目标

1. 大胆运用彩色吸管进行拼插，制作富有创意的小人。
2. 能大胆想象，体验造型制作的乐趣。

三、游戏玩法

1. 将吸管剪成需要的长度。
2. 把毛根折成简单的小人形状，串上小头。
3. 用吸管填充毛根，制作成手和脚。
4. 将小人摆成各种喜欢的造型。

四、关注点

能将毛根表现出各种体育运动的姿势。

5. 吸管变变变

一、游戏材料

彩色吸管若干、超轻彩泥、各种颜色卡纸。

二、游戏目标

1. 运用彩色吸管进行搭建。
2. 体验合作完成作品的乐趣。

三、游戏玩法

自己预先设计喜欢的造型，将彩泥作为吸管的连接枢纽，用吸管进行搭建，再将吸管作为连接枢纽，利用卡纸进行串联。

四、关注点

1. 观察幼儿在搭建前是否先构思设计好整体造型。
2. 提醒幼儿注意彩泥的连接之处。

瓶盖类游戏

1. 弹瓶盖

一、游戏材料

瓶盖、空瓶。

二、游戏目标

1. 乐于探索弹瓶盖的玩法，掌握手指相扣、定点发力弹瓶盖的技巧。

2. 提高控制能力和专注力，体验弹瓶盖的乐趣。

三、游戏玩法

1. 准备一个塑料瓶，把瓶盖放在瓶口的上方。

2. 幼儿一只手捂住自己的一只眼睛，然后原地转三圈，之后从正前方伸向带盖的瓶子。

3. 玩法一：用手指把它弹开就可以了，先弹开瓶盖者获胜。

玩法二：把瓶盖吹开，先吹开者获胜。

四、关注点

观察幼儿能否控制吹瓶盖的力度和弹瓶盖的力度。

2. 跳房子

一、游戏材料

瓶盖、画的跳房子图。

二、游戏目标

1. 学习单双脚跳的技能，锻炼平衡感。

2. 遵守游戏规则，感受跳房子游戏的乐趣。

三、游戏玩法

1. 游戏开始时，站在第一个格子的外面，将瓶盖丢进方格 1 内，然后单脚跳入方格 1 中，接下来换脚跳进方格 2，单脚轮换向前跳至达终点后返回起点，返回时捡起瓶盖，最终跳出来，到达起点后以同样的方式按照 1～10 的顺序，将瓶盖丢进方格 2，重复刚才的游戏玩法。

2. 游戏规则：其间必须一直保持一个脚站立，另一个脚不能着地，如瓶盖丢到格子外面或压线算犯规，单脚跳时踩线或越界算犯规，但是途中如果经过并排的格子以及最后房顶时，可以双脚落地。

四、关注点

鼓励幼儿在探索玩法中逐步提升游戏难度。

3. 不倒翁

一、游戏材料

瓶盖、勾线笔、白纸。

二、游戏目标

1. 了解不倒翁的特点，尝试运用瓶盖进行不倒翁制作。

2. 能大胆想象，制作富有创意的小动物。

三、游戏玩法

1. 在纸上画出喜欢的小动物，并将其剪下来。

2. 瓶盖里塞入彩泥增加瓶盖重量，贴在小动物的背面，不倒翁完成。

四、关注点

观察幼儿是否发挥想象，创造不同造型的不倒翁。

4. 小帆船

一、游戏材料

彩色瓶盖、彩色卡纸、牙签、彩泥。

二、游戏目标

1. 能用剪、贴等方式制作出喜欢的小帆船。
2. 体会完成作品的乐趣和成就感。

三、游戏玩法

1. 将卡纸剪成三角形的船帆，将船帆粘贴到牙签上。
2. 用彩泥将船帆牙签固定在瓶盖上。
3. 将瓶盖小帆船放在装了水的盆里，吹气使帆船移动。

四、关注点

观察幼儿的动手和探索能力，如何使瓶盖小帆船不侧翻，彩泥的量如何把握。

5. 瓶盖画

一、游戏材料

彩色瓶盖、彩色卡纸、彩笔。

二、游戏目标

1. 能运用拼贴的方式，创意瓶盖画。

2. 体会完成作品的乐趣和成就感。

三、游戏玩法

1. 欣赏瓶盖画作品。

2. 预先构思好自己想创作的作品。

3. 利用瓶盖和辅助材料完成作品。

四、关注点

1. 观察幼儿的创新能力，是否预先构思好再动手以及对画面的整体构图。

2. 创作过程中观察幼儿的自我服务能力，如绘画工具的准备、活动结束后的收拾能力。

6. 叠叠高

一、游戏材料

彩色瓶盖、木棒、卡片等。

二、游戏目标

1. 用彩色瓶盖和辅助材料进行搭建。

2. 尝试与同伴协商解决搭建过程中出现的问题。

三、游戏玩法

自己预先构思要搭建的造型，再利用辅助材料完成搭建。

四、关注点

1. 搭建前先构思设计好整体造型。

2. 注意牢固性。观察幼儿在搭建过程中遇到问题如何解决，比如，如何摆放木棍才不会导致倒塌。

塑料袋类游戏

1. 抓尾巴

一、游戏材料

塑料袋。

二、游戏目标

1. 练习追逐跑和躲闪跑的技能，提高跑的能力。
2. 训练反应力，体验竞赛的乐趣。

三、游戏玩法

幼儿自由分成两组，相隔一定距离面对面站好，幼儿把塑料袋夹在衣服后面当作尾巴，当老师发出“开始抓”信号时，幼儿迅速用手去抓对方身后的塑料袋，以抓中他人的塑料袋者为胜利，最后抓对方塑料袋多的即为获胜组。

四、关注点

1. 观察幼儿遵守规则的情况，是否按照规则进行游戏。
2. 提醒幼儿做好自我保护。

2. 吹袋前进

一、游戏材料

塑料袋、起点和终点标志。

二、游戏目标

1. 增加肺活量，进行气息锻炼。

2. 锻炼爬行速度，提高四肢力量。

三、游戏玩法

将塑料袋装满空气扎紧，幼儿趴在地上将塑料袋置于身前。教师发出“出发”信号，幼儿一边爬行一边将塑料袋吹到终点，即为挑战成功。

四、关注点

提醒幼儿关注塑料袋方向，观察幼儿爬行姿势和如何进行换气，可进行小组赛增加趣味性。

3. 踩气球

一、游戏材料

塑料袋。

二、游戏目标

1. 能听信号作出相应动作，增强反应能力。

2. 体验身体运动带来的乐趣。

三、游戏玩法

幼儿分成两组，将塑料袋系在脚踝上，相隔一定距离站好，根据教师铃鼓声节奏单脚跳或双脚跳。铃鼓声停，两队幼儿迅速相互追逐，设法去踩掉对方组员脚上的塑料袋，最后哪组剩下的塑料袋多，哪组获胜。

四、关注点

观察幼儿遵守规则的情况，是否具有躲闪能力，并懂得保护自己。

4. 运水比赛

一、游戏材料

塑料袋、水桶。

二、游戏目标

1. 能绕过障碍物将水运到指定位置。

2. 能遵守游戏规则，感受合作游戏的乐趣。

三、游戏玩法

幼儿分成两组，场地一端放置有水的桶，另一端放空桶。幼儿用塑料袋去装水，合作接力绕过障碍物，将塑料袋中的水运到空桶里。哪一组最快将空桶装满水即获胜。

四、关注点

1. 观察幼儿是否自主目测每趟的水量多少。

2. 探索如何在最短时间内运最多的水。

5. 飞得更高

一、游戏材料

塑料袋。

二、游戏目标

1. 锻炼手眼协调能力和专注力、判断力。

2. 体验与同伴合作游戏的乐趣。

三、游戏玩法

1. 单人玩法：将塑料袋装满空气扎紧，幼儿用身体的部位顶塑料袋，不让塑料袋掉下来。

2. 双人玩法：将塑料袋装满空气扎紧，两人对拍或对踢塑料袋，想办法不让塑料袋落地。

四、关注点

1. 观察幼儿遵守游戏规则的情况，禁止用手触碰塑料袋。

2. 先自主尝试如何使塑料袋飞得更高，再增加难度来进行双人抛接塑料袋。

6. 拓印花花

一、游戏材料

塑料袋、颜料、色纸。

二、游戏目标

1. 用塑料袋设计花卉图案，并自主选材添画。
2. 能大胆发挥想象力进行创造，并体验完成作品的乐趣。

三、游戏玩法

1. 将塑料袋的一角打个结，反过来装满空气扎紧。
2. 在打结的一边涂上颜料，拓印在纸上，形成美丽的花。
3. 再用没有打结的那一边粘颜料做花心。

四、关注点

观察幼儿的自主创作能力，是否有创意表现。

7. 小动物变变变

一、游戏材料

透明塑料袋、彩色手工纸、双面胶、绳子。

二、游戏目标

1. 用剪、贴、画等技能装饰塑料袋。

2. 能用多种材料设计不同图案、不同造型的塑料袋动物。

三、游戏玩法

1. 准备一个塑料袋，用彩色手工纸剪出动物的眼睛、嘴巴、耳朵。

2. 把剪好的眼睛、嘴巴、耳朵粘贴在塑料袋上。

3. 把塑料袋充气，用绳子把口扎好，一个一个塑料袋玩具就完成了。

四、关注点

1. 观察幼儿创作前是否先构思设计好整体造型。

2. 观察幼儿创作过程中的工具使用情况，注意粘贴的力度。

塑料瓶类游戏

1. 小猫钓鱼

一、游戏材料

矿泉水瓶、纸杯、绳子。

二、游戏目标

1. 积极探索瓶子的多种玩法，体验游戏的快乐。

2. 锻炼手臂肌肉，发展手眼协调能力。

三、游戏玩法

1. 在装有半瓶水的矿泉水瓶盖子上绑上绳子制成渔竿。

2. 将纸杯散点摆放在地上当作“鱼儿”。

3. 幼儿用“渔竿”尝试“钓鱼”，在规定时间内比一比谁钓得多。

四、关注点

待幼儿熟悉玩法后，可通过调整地上纸杯的远近距离提高游戏的难度。

2. 神奇喷泉

一、游戏材料

矿泉水瓶、装了水的脸盆、螺丝钉。

二、游戏目标

1. 初步了解气压的实验原理，感受气压发生变化时产生的现象。

2. 能够大胆进行科学实验，体验动手操作成功的乐趣。

三、游戏玩法

1. 在矿泉水瓶上钻出若干个孔。

2. 将孔捂住的同时往瓶中注水，随后将瓶盖盖上。

3. 通过控制瓶盖松紧程度的不同，做成大小不同的喷泉。

四、关注点

1. 能观察改变瓶中水的多少及瓶的大小，发现喷泉的不同。

2. 增加实验记录表，提升游戏的难度。

3. 时间沙漏

一、游戏材料

矿泉水瓶、硬纸板、豆子。

二、游戏目标

1. 学习制作沙漏，锻炼动手能力。
2. 感受时间的流逝，学会珍惜时间。

三、游戏玩法

将两个塑料瓶的瓶口用热熔胶对接粘好，接着在硬纸板上画出喜欢的图案，剪出形状固定在一个圆形硬纸板上，将瓶子一端用圆形硬纸板封好。然后将豆子放入瓶内，放好后将瓶子另一端用硬纸板封上，时间沙漏就做好了。

四、关注点

可将沙漏内的沙换成液体，并在瓶盖上插入两根吸管，制成液体沙漏。

4. 活力保龄球

一、游戏材料

矿泉水瓶、球。

二、游戏目标

1. 探究滚球的力量、距离与瓶倒的关系。

2. 发展滚球的动作技能，增强手控制球的能力。

三、游戏玩法

将瓶子组合摆放，孩子拿球站在起点处通过滚动的方法用球瞄准目标，击中目标数量最多者获胜。

四、关注点

可通过改变矿泉水瓶数量及距离变化，提高游戏的难度，增强挑战趣味性。

5. 滚瓶子

一、游戏材料

矿泉水瓶、沙子、水、木板。

二、游戏目标

1. 感知空瓶子、装满沙子的瓶子、装满水的瓶子滚动的不同速度。

2. 能对自己的猜测进行验证，培养观察及实验探究能力。

三、游戏玩法

1. 搭一搭：用书或其他物品将木板搭架成斜坡。

2. 猜一猜：两个矿泉水分别装满沙土和水，猜猜哪个瓶子会先到达终点？

3. 试一试：与同伴合作将三个瓶子并排放在起点，同时松开手，观察哪个瓶子滚动的速度最快，并在记录纸上记录比赛结果，说说自己的发现。

四、关注点

观察幼儿能否积极探索改变变量，如瓶子内的材料、瓶内材料的多少等，提高游戏难度。

6. 玩水管道

一、游戏材料

不同大小矿泉水瓶、漏斗、水管。

二、游戏目标

1. 能与同伴合作设计管道的连接方式，探索游戏的多种玩法。

2. 体验同伴间的创新和合作的快乐。

三、游戏玩法

利用不同大小的矿泉水瓶、漏斗和水管在平面墙上拼接出玩水管道，能够通过该管道让水从顶部顺利流到底部。

四、关注点

1. 小组合作，大胆尝试，解决制作过程中遇到的困难。

2. 锻炼坚持性、耐心、专注力、手眼协调能力及与同伴共同协作的能力。

纽扣类游戏

1. 纽扣对对碰

一、游戏材料

硬纸板、牙签、纽扣。

二、游戏目标

1. 能够用牙签挑出纸板上数字相对应数量的纽扣。

2. 知道数字对应的数量关系，并能应用到游戏中。

3. 尝试解决游戏中遇到的难题。

三、游戏玩法

1. 在纸板中间画一个大圆，并划分成两个阵营，两个阵营各画出若干个格子。

2. 在格子中写上不同的数字，代表要放置相应数量的纽扣。

3. 将若干纽扣放在中间的圆形中，比赛时双方按格子中的数字，用牙签挑相应数量的纽扣放到格子中，比一比谁的准确率更高，速度更快。

四、关注点

启发幼儿可改变格子的颜色，在规定时间挑进相应颜色的纽扣多者获胜，以此增加游戏难度。

2. 接接乐

一、游戏材料

斜坡、纸盒、纽扣。

二、游戏目标

1. 能够反应迅速，判断纽扣滑落的位置，接住从斜坡上滑下的纽扣。

2. 体验与伙伴共同游戏的乐趣。

三、游戏玩法

一名幼儿拿着纽扣站在斜坡高处，沿着斜坡将纽扣滑下来，另一名幼儿拿着纸盒在斜坡最低处接。

四、关注点

熟悉游戏后，通过改变斜坡坡度的大小影响纽扣滑落的速度，增强游戏的趣味性和挑战性。

3. 纽扣画

一、游戏材料

彩笔、双面胶、颜色及大小不同的纽扣、白纸。

二、游戏目标

1. 能够根据自己的想法对纽扣进行添画，体验想象创作的乐趣。

2. 能与同伴互相欣赏，介绍自己的作品。

三、游戏玩法

1. 选择自己喜欢的纽扣粘贴在纸上。

2. 用彩笔、勾线笔等对纽扣进行添画，如：添画身体部位，好看的衣服等，使其变成一幅好看的纽扣画。

四、关注点

同伴间互相欣赏作品，幼儿是否能够大胆分享交流自己创作的作品，欣赏美、感受美。

4. 纽扣相框

一、游戏材料

雪糕棒、双面胶、纽扣。

二、游戏目标

1. 学习掌握撕贴的技能。

2. 大胆想象搭配色彩，装饰相框。

三、游戏玩法

1. 用双面胶将四根雪糕棒一根接着一根粘紧，做成相框。

2. 在相框的边框上贴上双面胶。

3. 选择自己喜欢的纽扣，将它们一一粘贴在边框上，做成纽扣相框。

四、关注点

创设作品区展示幼儿作品，进一步感受色彩带来的视觉享受。

5. 纽扣小花

一、游戏材料

软铁丝、大小彩色纽扣。

二、游戏目标

1. 能按从大到小或从小到大的顺序排序。

2. 能够用软铁丝将纽扣固定住，发展手部精细动作。

三、游戏玩法

1. 选择自己喜欢的纽扣，并按照大小的顺序摆好。

2. 将软铁丝对折，纽扣从小到大依次穿进铁丝。

3. 将软铁丝相互缠绕，打结固定。

四、关注点

引导幼儿学习包装花束，将自己做的纽扣小花包装成纽扣花束。

酸奶瓶类游戏

1. 花花水壶

一、游戏材料

纸板、酸奶瓶、不同颜色的花。

二、游戏目标

1. 学会用不同颜色的花进行色彩搭配，做出漂亮的装饰。
2. 知道水壶的特征，为水壶画出壶把和壶嘴。

三、游戏玩法

1. 将酸奶瓶剪成两半，将其中一半粘贴在纸板上。
2. 为壶身画上壶把和壶嘴。
3. 用不同颜色的花对水壶进行装饰。

四、关注点

能否与同伴大胆分享交流自己创作的作品，感受作品的创作美。

2. 蝴蝶飞飞

一、游戏材料

酸奶瓶、圆形卡纸、剪刀、固体胶、记号笔。

二、游戏目标

1. 学习用多种材料做出漂亮的小蝴蝶，尝试搭配色彩。

2. 能够与同伴分享交流自己做出的蝴蝶。

三、游戏玩法

1. 将小圆卡纸四周对齐粘在大圆卡纸中心，并将它折成均匀的锯齿状。

2. 沿着中线对折做成蝴蝶翅膀，并将两边翅膀粘在一起。

3. 对酸奶瓶进行适当装饰。

4. 将翅膀和酸奶瓶粘贴在一起，并在酸奶瓶上画出小蝴蝶的表情。

四、关注点

1. 能够用正反折叠的方法折叠翅膀。

2. 尝试画出不一样的蝴蝶表情。

3. 花瓶 DIY

一、游戏材料

酸奶瓶、丙烯颜料、钻石小贴纸、马克笔。

二、游戏目标

1. 能够发挥想象，用多种材料装饰酸奶瓶。

2. 感受创作的乐趣。

三、游戏玩法

用彩笔、颜料、贴纸等给酸奶瓶进行装饰。

四、关注点

观察幼儿设计样式是否能运用排序、对称的方法。

4. 小船摇摇

一、游戏材料

酸奶瓶、一次性筷子、橡皮筋、剪刀、脸盆。

二、游戏目标

1. 尝试与同伴合作做出小船，并让它能在水中动起来。

2. 尝试解决困难，体验与伙伴合作的乐趣。

三、游戏玩法

1. 将一次性筷子剪短一点，用若干橡皮筋将筷子固定在酸奶瓶的两边。

2. 从另一个酸奶瓶上剪出一小块作为船桨，并用橡皮筋固定在酸奶瓶前端。

3. 将做好的小船放在有水的脸盆中，尝试让它在水中活动起来。

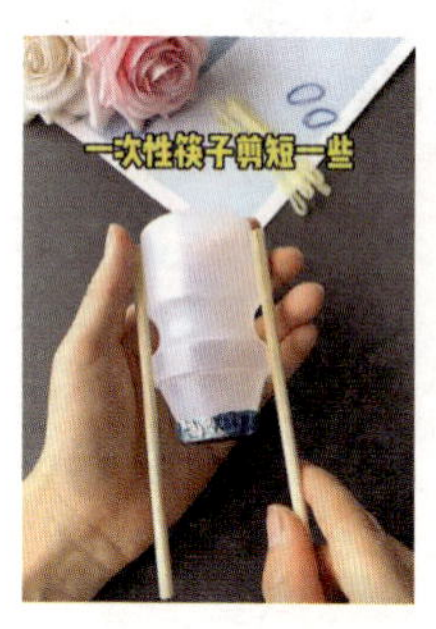

四、关注点

观察筷子和酸奶瓶的连接是否注意牢固、平衡，以免在下水过程中发生倒翻。

5. 守住堡垒

一、游戏材料

酸奶瓶、绳子、扇子。

二、游戏目标

1. 能够通过力度的变化改变风量的大小。

2. 喜欢参加比赛，享受比赛的过程。

三、游戏玩法

1. 将绳子横拉在两人中间，将若干酸奶瓶当作堡垒摆放在绳子两边。

2. 双方幼儿拿扇子在限定时间内扇动酸奶瓶，让瓶越过绳到对方堡垒。

3. 时间到，扇倒对方堡垒的酸奶瓶数量较多的一方胜利。

四、关注点

将自己喜欢的花插在自己做的花瓶里面，变成名副其实的“小花瓶”。

勺子类游戏

1. 运球 PK

一、游戏材料

塑料勺、小球、容器。

二、游戏目标

1. 用勺子保持平衡，完成运球比赛。

2. 感受勺子游戏的乐趣，体验竞技游戏。

三、游戏玩法

1. 将勺子整齐有序地在桌子上摆成一排，起点和终点各放一个容器，在起点处放入 5 个小球。

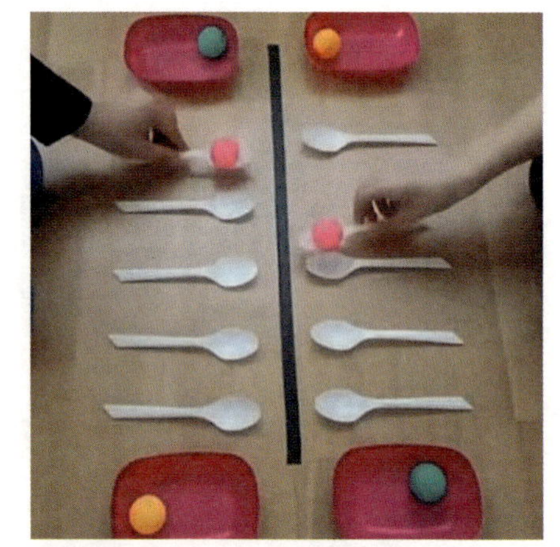

2. 幼儿两两一组进行比赛，用勺子将起点处的小球依次运到终点。

3. 运送过程中小球不能掉落，若掉落则从头开始，先运送完的幼儿获胜。

四、关注点

观察幼儿是否遵守比赛规则，能否手眼协调保持平衡地将小球运送到终点。

2. 趣味传球

一、游戏材料

塑料勺、容器、杯子、小球。

二、游戏目标

1. 能听口令双手同时取小球，提升专注力。

2. 体验勺子传球的乐趣，喜欢勺子游戏。

三、游戏玩法

1. 幼儿两两一组进行比赛，双手各拿一根勺子，将中间容器里的小球盛入两边的杯子里。

2. 第一次幼儿随机盛小球，不限制小球数量，先盛完的获胜。

3. 第二次根据老师口令盛小球，如左手两个小球，右手三个小球，先盛完的获胜。

4. 游戏中要保证小球不掉落，若掉落须重新开始。

四、关注点

观察是否能根据教师的口令正确盛小球，对数字的敏感度程度，继续巩固加深对数字的运用。

3. 叠叠乐

一、游戏材料

透明塑料勺、勾线笔、纸。

二、游戏目标

1. 感知各种图形的特点。

2. 能够运用对应的方法找到相应的勺子。

三、游戏玩法

1. 幼儿在纸上画出喜欢的组合图形。

2. 分别在两个透明塑料勺子上画出边框和里面的图案。

3. 将画好的勺子叠起来与纸上的图形进行比对，图案一致则成功。

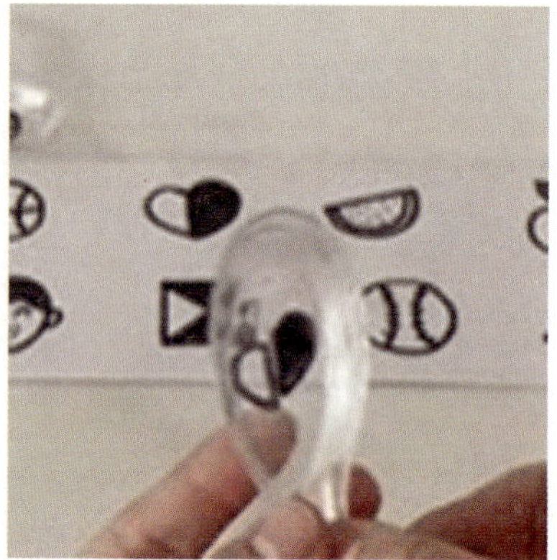

四、关注点

1. 观察幼儿能够将叠好的勺子与预画在纸上的组合图形比对成功。

2. 引导幼儿进一步感知图形的魅力，发展思维能力。

4. 小小玫瑰花

一、游戏材料

塑料勺、红色卡纸、绿色卡纸、固体胶、棉签。

二、游戏目标

1. 了解玫瑰花，感知玫瑰花的特点。

2. 能尝试用卡纸包裹的方式制作玫瑰花。

三、游戏玩法

1. 将塑料勺底部插入红色正方形卡纸的中心，用固体胶将3根棉签固定在勺面内侧成花蕊。

2. 将插入的红色卡纸包裹住花蕊呈玫瑰花瓣状。

3. 用绿色卡纸做叶子进行装饰。

四、关注点

1. 观察幼儿是否能够独立制作出玫瑰花的花蕊。

2. 鼓励幼儿大胆想象，对玫瑰花进行装饰，制作出具有自己特色的玫瑰花。

5. 勺子人偶

一、游戏材料

塑料勺、彩色纸、彩色笔。

二、游戏目标

1. 初步了解和认识人偶，感知勺子人偶的特点。

2. 能发挥想象制作人偶，体验动手操作的乐趣。

三、游戏玩法

1. 将塑料勺的勺面当成人偶的头，勺柄当成身体，用准备好的彩色纸进行装饰。

2. 用剪刀剪出自己想制作的人偶的头饰、衣服等，并用彩色笔进行装饰。

3. 用固体胶将制作好的头饰、衣服等贴在塑料勺上。

四、关注点

1. 提醒幼儿使用剪刀时要注意安全。

2. 鼓励幼儿在制作人偶时大胆发挥想象力与创造力，创造出具有特色的人偶。

PVC 管类游戏

1. 百变音乐墙

一、游戏材料

PVC 管。

二、游戏目标

1. 学会看着图谱用 PVC 管进行音乐演奏。

2. 能与同伴合作交流，体验团结合作的乐趣。

三、游戏玩法

1. 幼儿两两一组选择高低不同的 PVC 管，并将其连接在一起制作成 PVC 管音乐墙。

2. 将细小 PVC 管当成小钢琴锤子，看着《两只老虎》图谱敲打音乐墙。

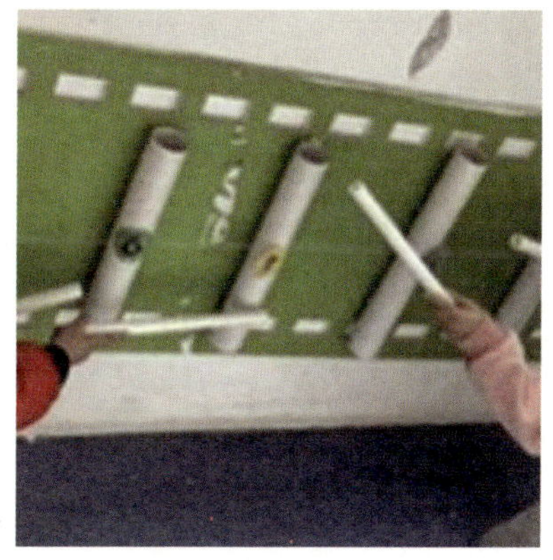

四、关注点

观察幼儿与同伴合作演奏的情况，鼓励幼儿大胆进行演奏，尝试创造性地进行演奏。

2. 百变万花筒

一、游戏材料

PVC 管、长方形塑料片、圆形塑料片、彩泥。

二、游戏目标

1. 初步了解万花筒的原理，引发对万花筒的兴趣。

2. 能用 PVC 管等材料制作万花筒，提高动手操作能力。

三、游戏玩法

1. 将长方形塑料片折成三棱形并放入小的 PVC 管。

2. 将小圆片放在 PVC 管底部。

3. 将大的塑料圆片贴在大一号的 PVC 管底部，并放入装饰亮片。

4. 连接两个 PVC 管，拼在小的 PVC 管上方。

5. 最后用彩泥进行外观装饰。

四、关注点

观察幼儿是否能将塑料片折成三棱形，在了解万花筒原理的基础上制作万花筒。

3. 打冰球

一、游戏材料

PVC 管、三通接头、小球。

二、游戏目标

1. 能将 PVC 管与三通接头连接在一起。

2. 喜欢“打冰球”，体验动手操作的乐趣。

三、游戏玩法

1. 将 PVC 管与三通接头连接在一起制作成冰球棒。

2. 与同伴进行比赛，将小球打入篮筐中，先进球的幼儿获胜。

四、关注点

观察幼儿是否会调整打球的方法，能否将冰球成功打入筐内，获得成功的体验。

4. 夏日水墙

一、游戏材料

PVC 管、漏斗、塑料瓶。

二、游戏目标

1. 学会正确拼搭 PVC 管，提高动手能力。
2. 能自由探索拼搭出多种水墙。

三、游戏玩法

1. 幼儿与同伴协商 PVC 管的多种连接、拼搭方式。
2. 根据协商结果选择直管、弯管、漏斗等材料。
3. 在墙上连接与拼搭 PVC 管，完成后从上方倒入水。

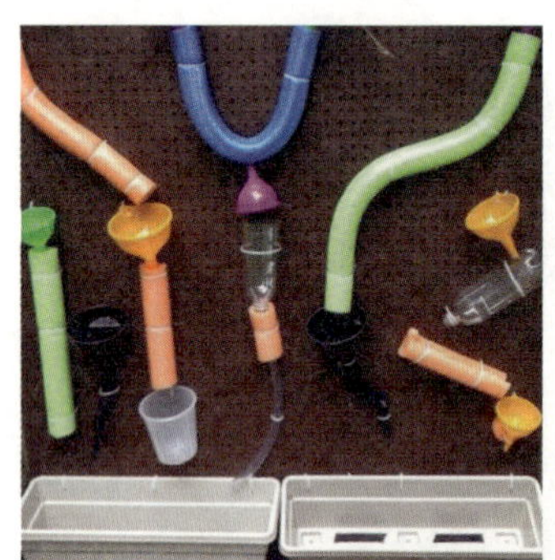

四、关注点

观察幼儿发挥想象、与同伴协商创意连接与拼搭的情况。

5. 平面图形大比拼

一、游戏材料

PVC 管。

二、游戏目标

1. 能用 PVC 管拼搭出平面图形。

2. 体验分工合作的乐趣。

三、游戏玩法

1. 幼儿自由协商分组，合作设计平面图形并画下来。

2. 结合设计图，用 PVC 管将平面图形拼搭出来。

四、关注点

观察能否依据平面图形进行搭建，以及与同伴分工合作及创意表现的情况。

五、拓展玩法： 合作拼搭出幼儿的人体轮廓。

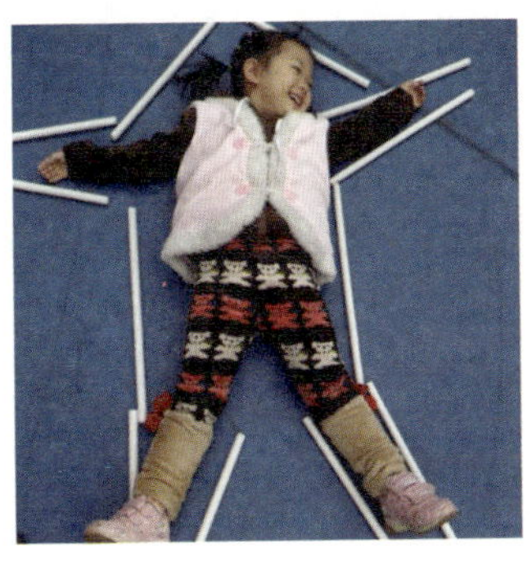

轮胎类游戏

1. 打地鼠

一、游戏材料

轮胎、充气锤。

二、游戏目标

1. 清楚并遵守打地鼠的游戏规则。

2. 能快速地发现地鼠并敏捷地打地鼠。

3. 体验与伙伴合作游戏的快乐。

三、游戏玩法

1. 将3个轮胎叠在一起，摆成多个地鼠洞。

2. 请部分幼儿躲在轮胎里面当地鼠，一幼儿当打地鼠的人，用充气锤去打地鼠，被打倒的地鼠淘汰。

3. 一轮结束后幼儿互换角色。

四、关注点

关注幼儿合作叠地鼠洞的情况，观察幼儿是否能够手眼协调地打地鼠。

2. 猴子上树

一、游戏材料

轮胎。

二、游戏目标

1. 能听指令快速找到轮胎并站在轮胎上。

2. 提高反应能力，体验“猴子上树”的快乐。

三、游戏玩法

1. 将轮胎摆在场地上，围成“树林”。

2. 幼儿在“树林”来回穿梭，教师喊数字，幼儿根据对应的数字站上轮胎，并根据老师的指令做出相应的动作，如当老师喊 1 时，每个轮胎站 1 个幼儿。

四、关注点

观察幼儿是否能够根据教师指令做出相应的动作，几轮游戏过后，鼓励幼儿喊口令当小老师。

3. 跳泥坑

一、游戏材料

轮胎。

二、游戏目标

1. 能遵守游戏规则跳过轮胎，体验扮演角色的乐趣。

2. 提高下肢爆发力和跳跃能力。

三、游戏玩法

1. 幼儿分成两组。

2. 将摆好的轮胎当成泥坑路，两组幼儿比赛接力跳过“泥坑”。

3. 跳到坑里才算成功，如果掉出“泥坑”则返回起点重新开始。

四、关注点

提醒幼儿遵守游戏规则，掉出“泥坑”必须重新开始。

4. 滚轮胎

一、游戏材料

轮胎、塑料瓶。

二、游戏目标

1. 能够快速并保持平衡滚动轮胎到指定地点进行接力。

2. 能遵守游戏规则，发展平衡能力。

三、游戏玩法

1. 幼儿分成两组，人数相等。

2. 将若干塑料瓶摆放在场地上当成障碍物，两组幼儿比赛接力滚轮胎。

3. 第一个幼儿将轮胎绕过塑料瓶后返回传给下一个幼儿，先滚完的小组为胜，滚的过程中若碰到障碍物则需返回起点重新开始。

四、关注点

观察幼儿滚轮胎手脚的协调性，提醒幼儿遵守游戏规则，若碰到障碍物必须返回起点重新开始。

5. 我是坦克兵

一、游戏材料

轮胎。

二、游戏目标

1. 能协调连贯地钻爬过轮胎，提高钻爬能力。

2. 愿意参加体育游戏，体验在游戏中钻爬的乐趣。

三、游戏玩法

1. 幼儿分成两组，人数相等。

2. 将轮胎摆放成山洞式，两组幼儿比赛接力钻过山洞。

3. 第一个幼儿钻完之后下一个幼儿再开始钻，先钻完的小组获胜。

四、关注点

观察幼儿的协调能力和合作游戏情况。

第四辑

棉纺类游戏

生活中的材料是最好的游戏材料，棉纺类材料的玩法多样，既能培养幼儿的思维能力，发展幼儿的动手能力，还能锻炼幼儿的动作发展，支持幼儿积累有益的直接经验和感性认识。

幼儿在实际操作中感知线的色彩，创造出线绳的多种样态；在动手动脑中探究布的特性，感知物品的多样态；在大胆尝试中探索布的玩法，投入、畅快享受运动的乐趣；在自主商议中规划游戏开展，收获满足感和愉悦感。教师以幼儿为主体，以兴趣为引擎，以问题为牵引，助推游戏发展，使得棉纺类游戏更富有教育意义。

布类游戏

1. 好玩的隧道

一、游戏材料

拱门，积木，木梯木架，各种布料，布段。

二、游戏目标

1. 发现不同材质布料的遮光性不同。

2. 尝试使用多种辅助材料丰富和完善隧道搭建。

三、游戏玩法

1. 幼儿自主结伴，选择布料和辅助材料进行隧道的创意搭建。

2. 在搭建中尝试固定布的位置，形成隧道，并利用搭建好的隧道进行游戏。

四、关注点

1. 关注幼儿能否合作规划和设计，创设不同场景的隧道。

2. 在玩隧道过程中，发现不同布料的遮光性有所不同。

3. 搭建时能否有意识地选择材料。

2. 捕鱼

一、游戏材料

大块布料。

二、游戏目标

1. 能灵活地进行追跑和躲闪。

2. 锻炼手臂力量，体验合作游戏的快乐。

三、游戏玩法

1. 两名幼儿做渔夫，各拿住长布的一头撑开做渔网状。其余幼儿扮小鱼儿自由游动。

2. 听到网渔信号后，鱼儿四散逃开，渔夫合作移动渔网，网住小鱼儿。

四、关注点

1. 提醒幼儿听到信号及时躲闪。

2. 鼓励幼儿灵活移动渔网捕鱼。

3. 袋鼠跳跳跳

一、游戏材料

大布袋若干。

二、游戏目标

1. 学习双脚并拢向前行进跳。

2. 能遵守游戏规则，体验游戏的乐趣。

三、游戏玩法

1. 幼儿分成两队，两队的第一名幼儿先把双脚套入袋子，站在起跑线后做好准备。

2. 比赛开始，幼儿双手提起袋子两边，双脚并拢向前跳至终点后折返，与下一名幼儿进行交接。依次进行，直至整队幼儿完成后获胜。

四、关注点

提醒幼儿双脚并拢向前跳时，用脚尖着地。

4. 跳舞的纱巾

一、游戏材料

各色纱巾、音乐。

二、游戏目标

1. 能够听随音乐节奏舞动纱巾。
2. 感知纱巾的厚薄、软硬等材质不同。

三、游戏玩法

播放节奏不同的音乐，引导幼儿听音乐，根据音乐节奏舞动手中的纱巾。

四、关注点

1. 提醒幼儿专心倾听音乐，有节奏地舞动纱巾。
2. 引导幼儿发现不同质地的纱巾和舞动的关系。

5. 开船

一、游戏材料

滑溜布。

二、游戏目标

1. 能挥动双臂模仿划船动作。

2. 体验与同伴合作划船的乐趣。

三、游戏玩法

1. 幼儿自选滑溜布铺在草地上当“船”。

2. 播放音乐，幼儿根据音乐节奏，坐在“船”上做挥动双臂划船与前后左右摇摆的动作。

四、关注点

1. 关注幼儿对游戏的专注力及大动作的协调性。

2. 鼓励幼儿与同伴协商、合作开船的方法。

6. 花手帕

一、游戏材料

棉布、花朵、树叶、拓染锤。

二、游戏目标

1. 在捣、敲中发现植物纹理，并进行创意拓印。

2. 尝试用敲、拓、染的方式制作花手帕。

三、游戏玩法

收集花、叶、草，将它们创意摆放在手帕上，用敲打等方式进行拓染，制作成一张花手帕。

四、关注点

1. 关注幼儿能否有创意地组合花朵、树叶，拓印手帕。

2. 提醒幼儿注意色彩搭配。

绳类游戏

1. 绳子绕绕绕

一、游戏材料

绳线、毛毡板、地垫板、工字钉。

二、游戏目标

1. 能利用绳线材料进行缠绕等操作。
2. 能正确使用剪刀，根据需要裁剪绳线的长短。

三、游戏玩法

1. 将工字钉钉入毛毡板或地垫板上，并将绳线上段固定。
2. 用绳线在工字钉上缠绕出不同形状的图案。

四、关注点

1. 关注幼儿能否进行创造性想象，缠绕出不同的图案。
2. 引导幼儿根据需要，将绳线打结连接或裁剪。

2. 美丽的蝴蝶结

一、游戏材料

不同材质的绳子、系蝴蝶结步骤图。

二、游戏目标

1. 学习自主观察步骤图，尝试系蝴蝶结。
2. 提高手指的灵活性。

三、游戏玩法

1. 观察步骤图，了解系蝴蝶结的步骤。
2. 自主选择绳子，按照步骤图的要求系蝴蝶结。

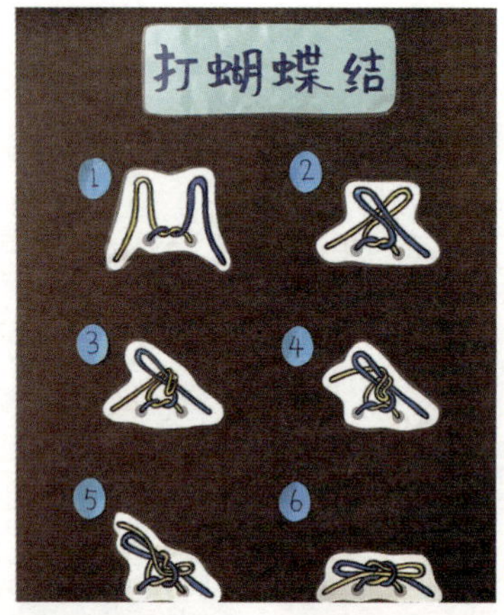

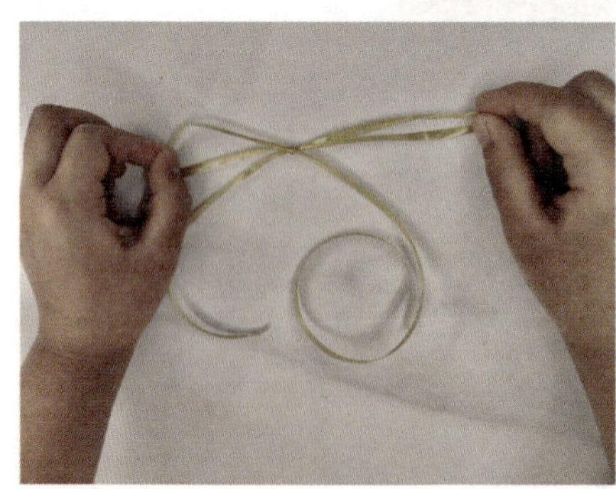

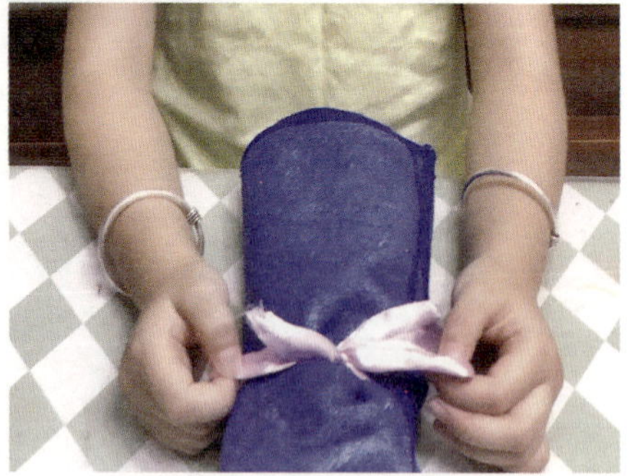

四、关注点

1. 根据幼儿活动情况，适时提供不同材质的绳子增加难度。
2. 将幼儿的作品布置于活动室。

3. 小球向前滚

一、游戏材料

丝带、小球。

二、游戏目标

1. 感知丝带材质的不同，交流自己的发现。

2. 观察小球在丝带上滚动的现象，初步了解摩擦力产生的原理。

三、游戏玩法

1. 幼儿自主选择不同材质的丝带，拉直平铺在桌上。

2. 用嘴吹动小球，让小球从起点向前滚动。最先把小球吹到终点者获胜。

四、关注点

引导幼儿发现不同材质丝带与小球滚动速度的关系。

4. 穿越火线

一、游戏材料

麻绳、跳绳。

二、游戏目标

1. 能选择适宜的绳子，借助辅助物设计障碍。

2. 能灵活地穿过“火线”，发展身体的灵活性。

三、游戏玩法

1. 用绳子和辅助物设计出不同的障碍，形成高矮交错的“火线”。

2. 幼儿或爬或匍匐或跨过同伴设计的“火线”。

3. 穿越“火线”时身体碰到绳子即被淘汰。

四、关注点

1. 幼儿能否选择合适的辅助物与绳子组合，布置成“火线”。

2. 鼓励幼儿设计更具挑战性的玩法。

5. 翻花绳

一、游戏材料

绳线若干。

二、游戏目标

1. 学习翻绳的基本方法。

2. 初步学习用花绳翻出1—2种图案，锻炼手部肌肉的灵活性。

三、游戏玩法

选择合适的绳线打结成绳套，一人用手指编成一种花样，另一人用手指接过来，翻成另一种花样。相互交替编翻，直到一方不能再编翻下去为止。

四、关注点

1. 鼓励幼儿自主解决游戏过程中线变短、线缠绕等问题。

2. 鼓励幼儿拓展绳线的更多玩法，如跳皮筋等。

6. 流动的线条

一、游戏材料

不同颜色、材质的绳线，剪刀，白乳胶，纸板或卡纸。

二、游戏目标

1. 感知各种绳线的材质特点，尝试表现出绳线的多种样态。
2. 感受多种绳线搭配的层次美和绳线变化的造型美。

三、游戏玩法

1. 幼儿用绳线在卡纸上摆成想创作的图案，并用乳胶固定。
2. 选择颜料给图案上色。

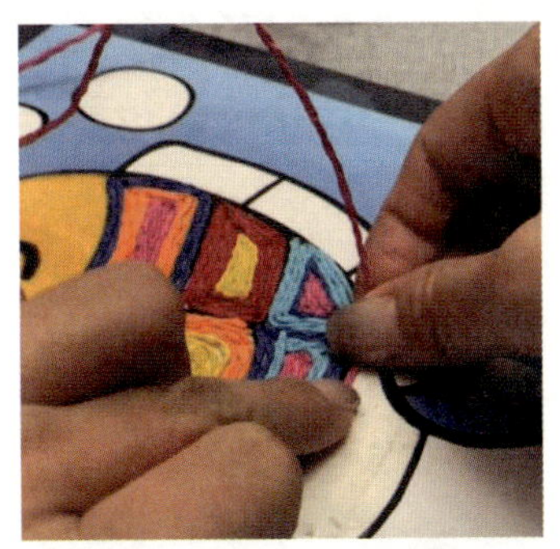

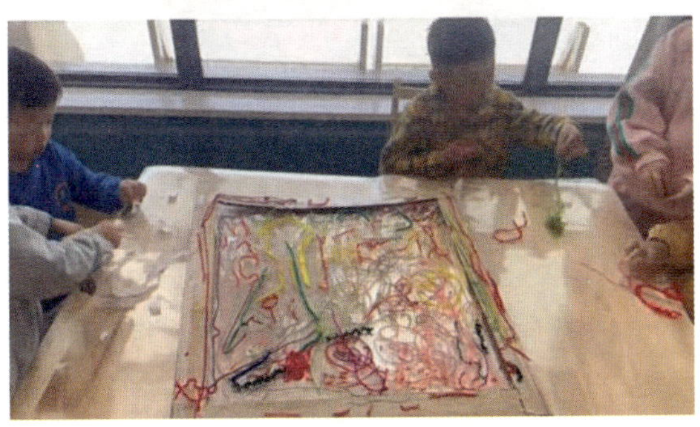

四、关注点

1. 鼓励幼儿选择多种绳线，大胆创作。
2. 引导幼儿欣赏同伴作品，说说感受。

7. 棉线拉画

一、游戏材料

白纸、棉线、颜料。

二、游戏目标

1. 尝试运用染色、摆图、抽拉的方式创作棉线拉画，感受色彩与线条的美。

2. 能大胆想象，创意添画棉线拉画图案。

三、游戏玩法

1. 将白纸平铺，把棉线用颜料进行涂染。

2. 把白纸对折，将涂染后的棉线创意摆放在白纸的中间。

3. 按住白纸抽拉棉线，张开白纸得到创意拉画。

4. 观察拉画图案，想象添画。

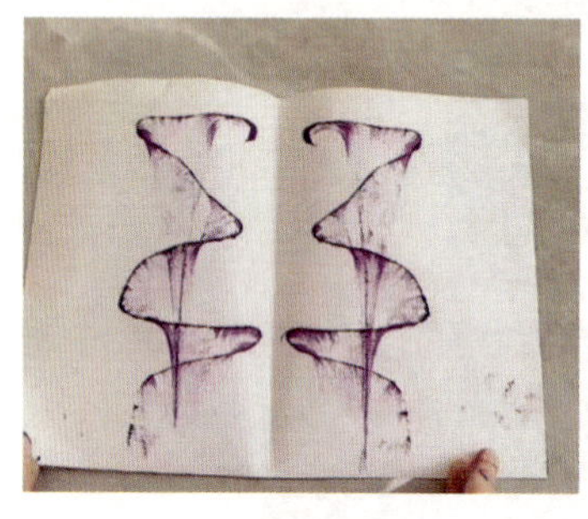

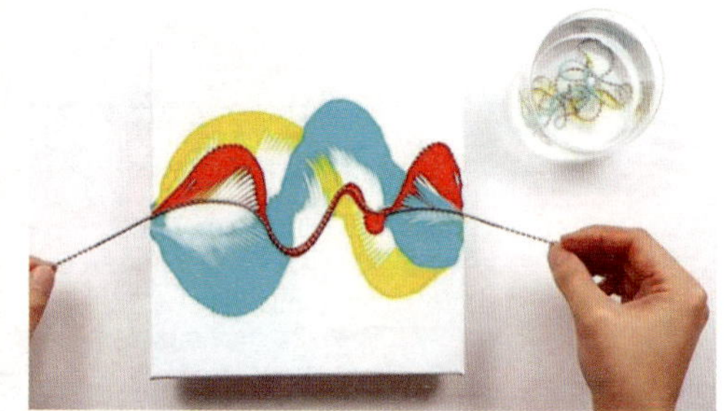

四、关注点

1. 鼓励幼儿观察拉画作品，大胆想象，并进行创意添画。

2. 提醒幼儿染色时注意操作卫生。

第五辑

纸质类游戏

纸是幼儿生活中最常见到的物品，也是幼儿游戏中的重要材料。各种颜色、质地、形状、功能的纸制品，蕴藏了多方面的发展机会和可能。幼儿用报纸进行奏乐游戏，用纸盒搭建城堡，用纸杯探究光的秘密，用纸筒设计轨道，用纸箱玩打地鼠游戏……他们调动自己的多种感官与“纸”这一物品互动着、游戏着、创造着。丰富的纸制品游戏，让幼儿获得更多关于“纸”的最直接、最鲜活的经验。幼儿在收集中关注生活，在操作中获得经验，在探究中拓宽认知，在游戏中收获快乐，在合作中提高交往。

报纸类游戏

1. 随风奔跑

一、游戏材料

报纸。

二、游戏目标

1. 练习接力跑，发展大步跑的技能。

2. 感受团队合作游戏的快乐，体验成功感。

三、游戏玩法

1. 幼儿自选报纸将其贴在胸前，然后快速奔跑，奔跑中双手不能触碰报纸，若报纸掉在地板上需返回起点重新出发。

2. 到达终点后，原路返回将报纸传递给下一个同伴，直至本组幼儿全部接力完成即可获胜。

五、关注点

1. 提醒幼儿遵守游戏规则，奔跑时双手不接触报纸。

2. 提醒幼儿奔跑时注意安全。

2. 纸球投投乐

一、游戏材料

报纸球、纸箱。

二、游戏目标

1. 学习肩上挥臂投掷，尝试左右手交替将纸球向前上方投出。

2. 乐于参加投掷活动，体验游戏的乐趣。

三、游戏玩法

1. 几名幼儿从起点处同时向远处投掷，比一比谁投得远。

2. 幼儿在起点处向目标箱子进行投掷，在规定的时间内，投中次数多的幼儿获胜。

3. 幼儿与成人进行躲避球大赛，攻击方投掷纸球，防守方进行闪躲，被击中则转变为攻击方。

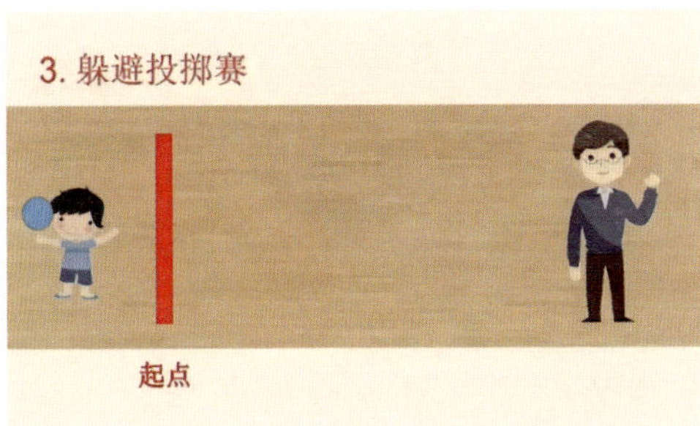

五、关注点

1. 引导幼儿总结将纸球投得更远更准的方法。
2. 提醒幼儿用正确的方法投掷。

3. 报纸演奏会

一、游戏材料

报纸。

二、游戏目标

1. 探索用不同的方法使报纸发出声音。
2. 能听随音乐有节奏地拍打报纸。

三、游戏玩法

1. 幼儿自由探索让报纸发出不同声响的方法。
2. 跟随音乐有节奏拍打报纸。

四、关注点

1. 鼓励幼儿大胆探索让报纸发出声音的办法。
2. 尝试用报纸为不同的音乐伴奏。

4. 滚动的纸球

一、游戏材料

报纸、报纸球。

二、游戏目标

1. 学习用揉、捏、团的技能将报纸制作成纸球。

2. 能够与同伴相互配合游戏，体验合作游戏的乐趣。

三、游戏玩法

1. 幼儿将报纸揉成大小不同的纸球，再将一张报纸的中间剪一个洞。

2. 两名幼儿双手捏住报纸的两边，用双手的力量去控制报纸的倾斜方向，让纸球掉到洞里去。

四、关注点

1. 能否用适当的力度控制报纸的倾斜角度。

2. 鼓励幼儿自我总结如何快速让纸球掉落进洞里的方法。

5. 小狮子

一、游戏材料

报纸、卡纸、颜料、剪刀、胶水、记号笔。

二、游戏目标

1. 能用剪、贴等技能，制作小狮子。

2. 能沿轮廓线剪出图案，边线吻合。

三、游戏玩法

1. 将报纸涂上淡黄色水彩颜料。

2. 在报纸上画出圆形和线条，沿轮廓剪出圆片和若干长纸条。

3. 剪出两个小眼睛粘贴在卡纸上，用黑色水笔添上鼻子和嘴巴。

4. 用胶水依次将长条粘贴在圆片周围，作为小狮子的头发。

5. 剪几根小麻绳当胡须粘贴在嘴巴的旁边，小狮子就完成啦。

四、关注点

1. 能否用剪刀沿直线剪，边线吻合。
2. 鼓励幼儿制作出其他的动物形象。

纸杯类游戏

1. 纸杯投影仪

一、游戏材料

纸杯、彩色透明玻璃纸、剪刀、橡皮筋、马克笔、手电筒、鞋盒。

二、游戏目标

1. 尝试用纸杯进行投影仪制作，设计自己喜欢的图案。

2. 初步感知光和影子的关系。

三、游戏玩法

1. 剪掉纸杯底部，在彩色透明玻璃纸上用马克笔画上自己喜欢的图案，盖在纸杯底部，用橡皮筋固定住。

2. 打开手电筒，从杯口处照射，将影像投到鞋盒上，投影仪做好了。

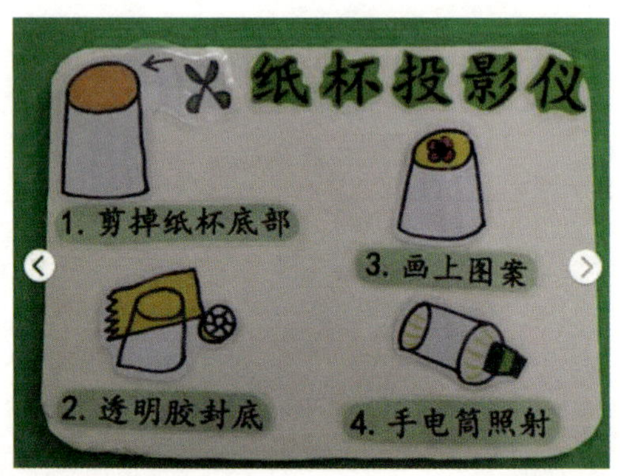

四、关注点

1. 引导幼儿感知光与影子的关系。

2. 引导幼儿关注投影仪在生活中的运用。

2. 数字塔

一、游戏材料

纸杯、马克笔、数字塔图片。

二、游戏目标

1. 能认真观察，正确按数取物、按物取数。

2. 感知物体的空间方位，能使用上下左右等方位词描述。

三、游戏玩法

1. 幼儿在纸杯上标记出数量为 1—10 的圆点。

2. 随机抽取一张“数字塔”图片，观察图片上纸杯的摆放位置。

3. 点数纸杯上的圆点数量，根据“数字塔”图片上的纸杯位置，将纸杯叠成数字塔的形状。

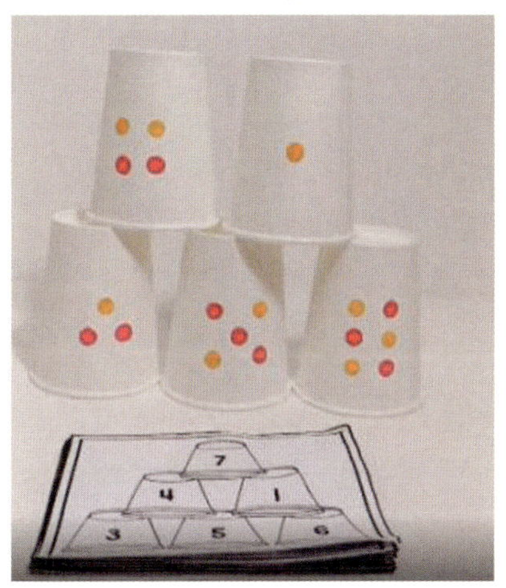

四、关注点

1. 重点观察幼儿能否正确点数纸杯上的圆点数量。

2. 鼓励幼儿自己设计“数字塔”图片。

3. 纸杯城堡

一、游戏材料

纸杯、瓦楞纸、 KT 板、吸管、木棍、雪糕棒。

二、游戏目标

1. 探索将纸杯叠高的技巧，发现搭建平衡的要点。
2. 能与同伴合作搭建，体验共同游戏的乐趣。

三、游戏玩法

1. 幼儿自由结伴商量将纸杯叠高的方法。
2. 探索运用各种办法，借助辅助材料把纸杯叠高。
3. 自选材料测量纸杯城堡的高度。

四、关注点

1. 鼓励幼儿将纸杯叠成不同的城堡造型。

2. 提醒幼儿自选测量工具，并用正确的方法测量纸杯城堡的高度。

4. 纸杯大变身

一、游戏材料

纸杯、木棒、吸管、扭扭棒、剪刀、胶水、彩卡、彩笔、彩泥、棉花。

二、游戏目标

1. 运用剪、贴、画等技能，将纸杯制作成各种物体。

2. 感受纸杯的多变性，体验创意纸杯的乐趣。

三、游戏玩法

1. 幼儿自主选材，大胆进行创意改造。

2. 运用辅助材料和美术技能，将纸杯变成有趣的动物、手表、陀螺、望远镜等。

四、关注点

1. 鼓励幼儿按照自己的设想大胆制作。

2. 观察幼儿是否有目的地选用材料，并运用多种表现形式。

纸牌类游戏

1. 纸牌分类

一、游戏材料

纸牌。

二、游戏目标

1. 观察纸牌的图案，发现图案的特点及规律。

2. 能将纸牌按图案、形状、颜色、数字等特征进行层级分类。

三、游戏玩法

1. 幼儿观察纸牌上图案的特点及规律。

2. 幼儿根据要求将纸牌按照颜色、图案或数字大小进行分类。

3. 将纸牌进行层级分类。

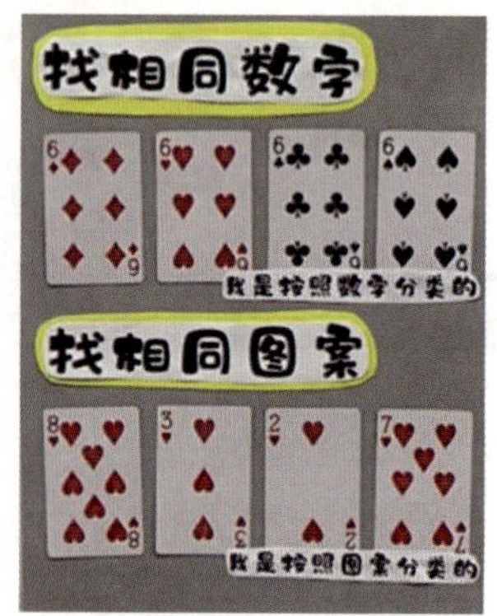

四、关注点

1. 观察幼儿层级分类的情况，适时提供分类板辅助幼儿操作。

2. 引导幼儿将分类后的纸牌按规律排序。

2. 纸牌“站起来”

一、游戏材料

纸牌。

二、游戏目标

1. 大胆探究让纸牌立起来的方法，愿意分享自己的探究过程。

2. 能与同伴合作探索，体验搭建纸牌建筑的乐趣。

三、游戏玩法

1. 幼儿探索让单张纸牌“立起来”的方法。

2. 自主结伴，商量要搭建什么样的纸牌建筑，以及用什么办法让纸牌搭建得又高又稳。

3. 与同伴合作搭建纸牌建筑。

4. 幼儿互相欣赏同伴的搭建作品。

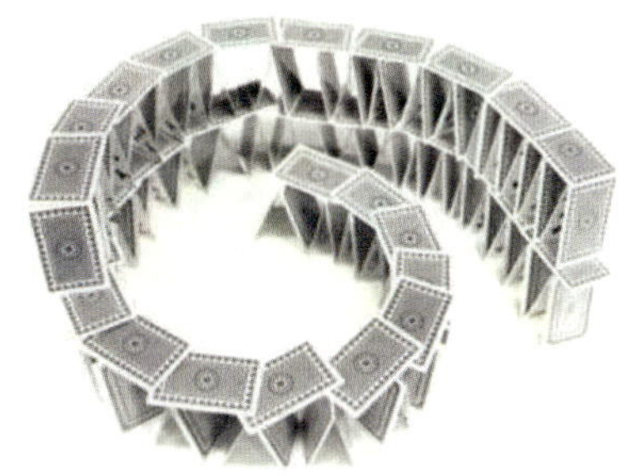

四、关注点

1. 观察幼儿的搭建行为，适时启发，引导幼儿运用不同的变形进行搭建。

2. 让幼儿观看纸牌搭建的视频，丰富搭建经验。

3. 纸牌找朋友

一、游戏材料

带数字的纸牌、剪刀。

二、游戏目标

1. 能按数取物，根据纸牌上图案的数量和边框的数字进行配对游戏。

2. 能正确点数10以内的数量，并说出总数。

三、游戏玩法

1. 将纸牌中间的图案部分剪取出来，留下边框。

2. 幼儿按数取物，将图案部分与边框数字相匹配，找到对应的即为成功。

3. 幼儿两两进行按数配对竞赛，最先完成者即为获胜。

四、关注点

1. 提醒幼儿按一定的顺序点数纸牌上的图案数量。

2. 幼儿互相验证同伴的操作。

4. 比大小

一、游戏材料

10 以内的纸牌。

二、游戏目标

1. 能比较数字的大小，并快速作出反应。

2. 学习用“XX 比 XX 大（小）”的句式正确表述比较结果。

三、游戏玩法

1. 两人一组，手拿相同数量的纸牌。

2. 每人各出一张牌比较大小，谁的纸牌数字大就可以把对方的纸牌收走。

3. 游戏结束后，幼儿点数自己手中纸牌的数量，数量多者获胜。

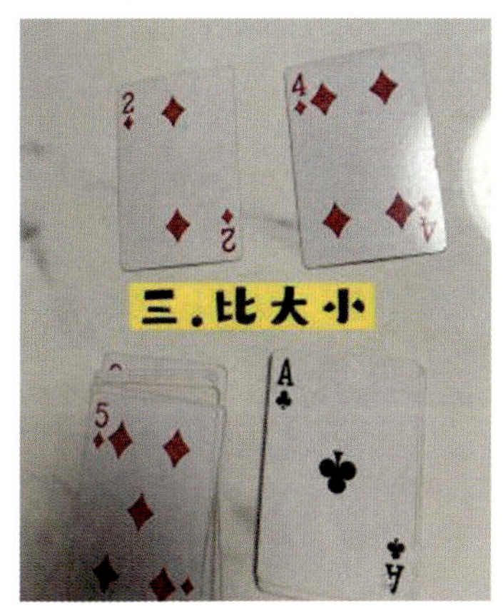

四、关注点

1. 倾听幼儿描述操作结果，适时指导。

2. 待幼儿熟悉玩法后，可增加玩伴人数，如三人一组游戏。

纸筒类游戏

1. 迷你轨道

一、游戏材料

有凹槽的纸筒片、不同高度的纸筒段、有洞口的纸筒段。

二、游戏目标

1. 尝试将纸筒或纸筒片按高低顺序摆放，形成一定坡度。

2. 初步感知坡度与小球降落的关系。

三、游戏玩法

1. 将一片有凹槽的纸筒片插进有洞口的纸筒段里。

2. 把不同高度的纸筒段，按照从高到低的顺序进行摆放，并将纸筒片依次放在纸筒段上，形成坡度，使小球滚落。

四、关注点

1. 引导幼儿观察球体滚动与坡度的关系。

2. 鼓励幼儿用符号记录自己的发现。

2. 趣味笔筒

一、游戏材料

彩泥、纸筒、勾线笔、黏土、图画纸。

二、游戏目标

1. 了解笔筒的构造，能运用搓、捏、团等技能制作和装饰笔筒。

2. 能够根据自己设计的图纸制作笔筒。

三、游戏玩法

1. 设计笔筒的制作图纸。

2. 选择一个大纸筒和一张同样大小的圆形纸板。

3. 在圆形纸板上粘上超轻黏土，并固定在纸筒的底部。

4. 根据自己的笔筒图纸，用彩泥进行装饰。

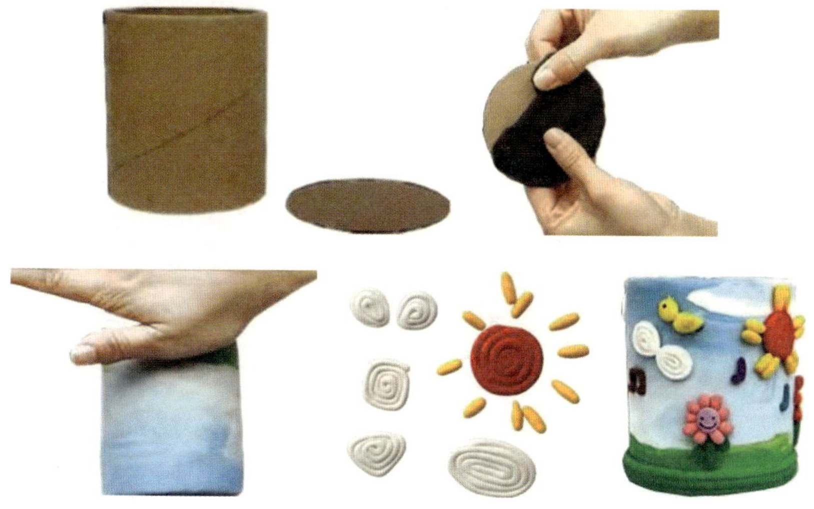

四、关注点

1. 鼓励幼儿按自己的意愿设计图纸，大胆创作。

2. 指导幼儿运用搓、捏、团等技能制作笔筒。

3. 百变纸筒

一、游戏材料

纸筒、扭扭棒、彩泥、毛球、冰棒棍。

二、游戏目标

1. 运用撕贴、粘贴、剪贴等技能进行制作。

2. 能大胆想象，借助毛根、毛球等辅助材料将纸筒创意变形。

三、游戏玩法

幼儿自主选择扭扭棒、彩泥、冰棍棒等辅助材料，大胆想象，在纸筒上进行创作，将纸筒变成小动物、小花、小树等。

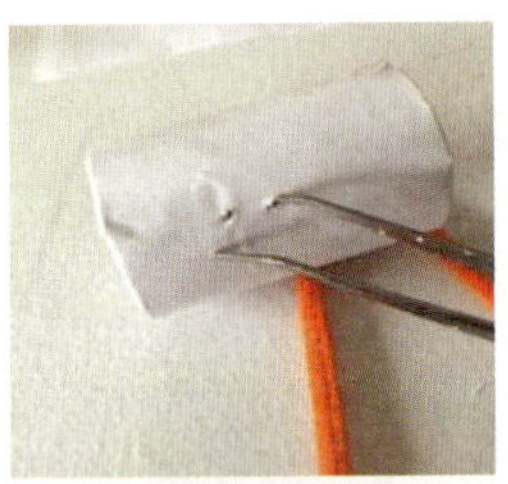

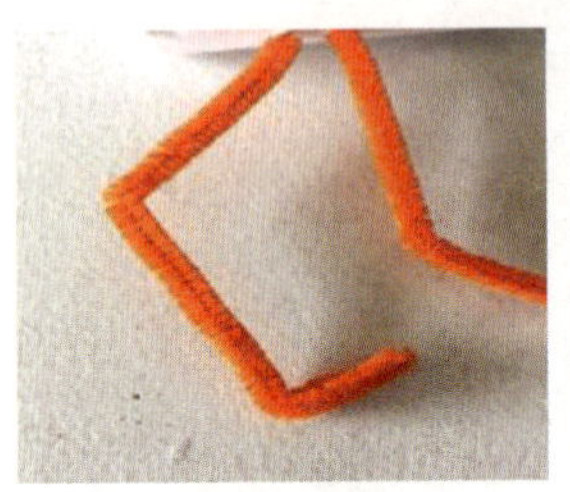

四、关注点

1. 鼓励幼儿自主选材，利用辅助材料进行创作。

2. 鼓励幼儿大胆想象、创意制作。

4. 跳跳小达人

一、游戏材料

粗细不同的纸筒若干。

二、游戏目标

1. 尝试将纸筒夹在下肢的不同位置向前行进跳，体验游戏的乐趣。

2. 发展腿部的力量。

三、游戏玩法

将纸筒夹在两腿之间，在保持纸筒不掉的同时，向前跳跃，比一比谁跳得最快。

四、关注点

1. 提醒幼儿向前跳跃时双腿夹紧，保持纸筒不掉。

2. 创设障碍以增加游戏难度，鼓励幼儿大胆挑战。

5. 纸筒桥

一、游戏材料

高矮、粗细不同的纸筒若干。

二、游戏目标

1. 能在纸筒上较平稳地行走，保持身体平衡。

2. 愿意挑战，体验游戏的乐趣。

三、游戏玩法

幼儿用纸筒摆成不同距离的“桥”，保持身体平衡在纸筒“桥”上行走。

四、关注点

1. 关注幼儿在纸筒上行走时能否保持平衡。

2. 鼓励幼儿将纸筒摆放成不同造型的“桥”。

6. 纸筒保龄球

一、游戏材料

高矮、粗细不同的纸筒若干、皮球。

二、游戏目标

1. 学习滚球的动作技能，增强手控制球的能力。
2. 能正确点数纸筒的数量。

三、游戏玩法

1. 幼儿将纸筒摆放成三角形，在起点滚动皮球将纸筒击倒。
2. 点数被击倒的纸筒数量，数量最多的幼儿获胜。

四、关注点

1. 指导幼儿用正确的动作滚球。
2. 提醒幼儿正确点数被击倒的纸筒数量，并记录。
3. 提醒幼儿在起点线内滚球。

纸板类游戏

1. 梦想小屋

一、游戏材料

设计图、纸板、筷子、夹子、扭扭棒、打孔机。

二、游戏目标

1. 能与同伴合作设计拼搭图纸。

2. 能运用衔接、围合、拼搭等技能，将纸板制作成立体楼房。

三、游戏玩法

1. 幼儿自主设计楼房，设计拼搭图纸。

2. 将纸板打洞，选择一种工具将纸板进行衔接、围合。

3. 将衔接好的立体纸板进行拼搭、垒高。

四、关注点

1. 引导幼儿根据图纸的设计进行拼搭。

2. 鼓励幼儿合作建构。

3. 观察幼儿的拼搭行为，根据幼儿的需求适时提供材料以及丰富建构经验。

2. 小鱼塘

一、游戏材料

纸板、钓鱼玩具。

二、游戏目标

1. 能与同伴讨论、制定钓鱼的游戏玩法。
2. 能专注参与游戏，锻炼手眼协调能力。

三、游戏玩法

1. 幼儿与同伴讨论游戏玩法。
2. 幼儿将纸板围成不同形状的小鱼塘，进行钓鱼游戏。

四、关注点

1. 倾听幼儿与同伴协商游戏玩法。

2. 可进行单人或小组竞赛形式，通过减少鱼的数量来增加难度。

3. 小隧道

一、游戏材料

纸板、扭扭棒。

二、游戏目标

1. 练习手膝着地向前爬行，发展手脚的协调性。

2. 乐于参加活动，体验游戏的乐趣。

三、游戏玩法

1. 将纸板衔接成三角形，排成隧道，进行爬行游戏。

2. 幼儿分组游戏，手膝着地爬行通过隧道，最快的小组获胜。

四、关注点

1. 提醒幼儿用正确的方法向前爬行。

2. 鼓励幼儿将纸板衔接成不同大小的三角形，增强爬行的难度。

纸袋类游戏

1. 真好吃

一、游戏材料

纸袋、绘本、各种食物卡片。

二、游戏目标

1. 熟悉绘本故事内容，了解故事中角色特征。

2. 能正确地将食物送到相对应的动物嘴里。

三、游戏玩法

1. 把小动物图片贴在纸袋上，镂空嘴部。

2. 请幼儿说说小动物喜欢吃的食物，并选择相应的食物卡片投进纸袋里。

四、关注点

1. 理解绘本内容，知道各种小动物爱吃的食物。

2. 鼓励幼儿边操作边用语言讲述。

2. 小怪兽的下午茶

一、游戏材料

自制“小怪兽”纸袋人手一个、数字饼干图片、骰子。

二、游戏目标

1. 复习 10 以内加法的运算。

2. 进一步理解加法的实际意义，感受数字游戏的乐趣。

三、游戏玩法

1. 幼儿每人一只“小怪兽”，轮流掷骰子。

2. 把两个骰子的点数相加，计算出总数。选择相应数字的饼干喂自己的小怪兽，吃到饼干最多的“小怪兽”获胜。

四、关注点

1. 指导幼儿列加法算式记录游戏过程。

2. 观察幼儿是否能准确计算出总数。

纸箱类游戏

1. 纸箱小动物

一、游戏材料

纸箱、美工刀、彩笔、剪刀、胶带。

二、游戏目标

1. 能大胆想象，设计各种动物的形象。
2. 能与同伴合作用纸箱组装小动物。

三、游戏玩法

1. 选择一个纸箱将它分割成不同大小的纸板。
2. 将不同大小的纸板组合，表现出动物的大致轮廓。
3. 用剪刀沿轮廓裁剪，去除多余的部分。
4. 把纸板组装、黏合，表现小动物的形态并进行装饰。

四、关注点

1. 鼓励幼儿大胆借形想象，利用纸箱创意出各种动物形象。
2. 观察幼儿能否选择合适的材料及工具进行辅助创作。

2. 打地鼠

一、游戏材料

纸箱、充气锤。

二、游戏目标

1. 能遵守打地鼠的游戏规则，体验打地鼠的快乐。

2. 喜欢与同伴玩闪躲游戏，提高身体的反应能力及灵敏性。

三、游戏玩法

1. 在纸箱上方挖圆形洞，装饰成地鼠洞，并用多个纸箱摆成若干个地鼠洞。

2. 部分幼儿站在纸箱里当地鼠，另一部分幼儿用充气锤去打地鼠。看谁的反应最快，打到的地鼠最多。

3. 每轮游戏结束后交换角色。

四、关注点

1. 能否迅速判断充气锤下落的位置并及时躲闪。

2. 适时播放音乐，引导幼儿倾听音乐，跟随音乐节奏打地鼠。

3. 搭搭小镇

一、游戏材料

纸箱、纸板、纸杯。

二、游戏目标

1. 能运用垒高、围合等方法将纸箱建构成“搭搭小镇”。

2. 大胆使用辅助材料进行建构，提高合作能力。

三、游戏玩法

1. 幼儿自由组队，运用围合、搭高、拼插、对称等技能将各种大小的纸箱搭建成“搭搭小镇”。

2. 幼儿利用搭建好的“搭搭小镇”进行自主游戏。

四、关注点

1. 引导幼儿综合运用围合、垒高、拼插、对称等技能搭建。

2. 观察幼儿借助“搭搭小镇”开展游戏的情况，适时推进。

4. 趣味摸箱

一、游戏材料

自制摸箱，各种不同形状、材质、软硬的物品。

二、游戏目标

1. 感知不同物体的形状、软硬程度。

2. 学习用形容词描述事物的特征。

三、游戏玩法

1. 幼儿将手伸进摸箱内，感受箱内物体的质地、形状，猜一猜物品名称。

2. 取出物体，观察物体的特征，并用语言描述。

四、关注点

1. 鼓励幼儿用常见的形容词描述物体的特征。

2. 提醒幼儿专心倾听同伴描述。